KB274483

한 건도 건지지 못하는 경우도 있다. 출판사만 다를 뿐 같은 취지의 조크를 이런저런 형태로 각색해서 내놓은 것도 많다. 그래서 같은 조크에 수없이 자주 접하게 된다.

다음 단계의 작업은 『한국경제신문』의 「海外유머」라는 틀에 뜯어맞추는 일이다. 긴 것들은 줄이고, 도저히 줄일 수 없는 것은 2, 3회로 나누어 연재하기도 한다.

독자들로부터 문의전화를 받으면서 깨닫게 된 것은 영한대역으로 된 유머판이 영어공부의 참고자료로 이용되는 경우가 많다는 사실이다. 이 점을 감안하여 지나치게 속된 슬랭(slang)은 피하고 표준적인 표현으로 바꾸도록 했다. 그리고 외설적인 낱말 역시 점잖은 것으로 바꾸도록 했다.

다음으로 시국의 제물이 된 것들도 많았다. 한 예로, 제1권의 맨 앞에 실린 「군사독재」는 70년대의 그리스 군사독재를 다룬 미국 『타임(Time)』지의 특집기사에서 봤던 것이지만 그동안 빛을 보지 못했다. 문민체제가 되면서 그 당시의 기억을 더듬어 새로 엮어내어 최근에 소개한 것이다.

또 한 가지 『한국경제신문』에 실린 영어유머의 소재는 비단 해외에서 발행된 서적이나 잡지에만 국한되는 것은 아니다. 더러는 뉴스기사에서 아이디어를 얻어서 만들어내기도 하고 또 더러는 스스럼없이 한담하는 자리에서 들은 재미있는 이야기들을 서양적인 상황으로 각색해서 엮어내기도 했다. 물론 별로 손질하지 않고 쉽게 활용할 수 있는 소재도 많았으나 그렇지 않고 많은 공력을 들인 것들도 적지 않았다.

십여 년간 해외유머를 담당해온 사람으로서 가장 큰 고충은 역시 소재 빈곤이다. 조크책들을 보면 예외없이 별 재미없는 것들도 많이 수록되어 있다. 한마디로 소재 빈곤을 입증하는 것이다. 『한국경제신문』의 해외유머라고 예외일 수 없다. 소재가 부족하다보니 재미없는 것으로 때워가는 날도 적지 않다.

해외유머가 나가기 시작한 13년 전과 비교하여 지금 『한국경제신문』의 독자수는 엄청나게 증가했다. 그러므로 지금의 독자들 중에는 초기의 「해외유머」에 접하지 못한 분들이 많다. 10년이면 강산도 변한다기에 초기의 것들을 더러 재탕하기도 하는데 이 때문에 간혹 오래 된 독자들로부터 항의를 받는 일도 있다.

그 동안 많은 독자들이 이미 나갔던 것을 책으로 엮어내지 않았는지 혹은 그럴 계획이 없는지를 물어왔다. 이 해외유머집은 그러한 독자들의 성원에 호응하기 위해 초

기의 것들로 엮어낸 것이다. 지난 1월에 **제1집** 초판이
나간 후로 제2집이 언제쯤 나오는지 궁굼해 하는 독자들
이 많았다. 다시금 독자들의 성원에 감사드리며 빠른 시
일 안에 제3집으로 보답해 드릴 것을 약속한다.

1994년 8월

「해외유머」담당자

차　례

1. 정부와 아내와…

> What are the differences between a prostitute, a mistress and a wife?
>
>   The prostitute says : "Ain't you done yet?"
>
>   The mistress says : "Are you done already?"
>
>   The wife says : "I think the ceiling needs painted."

▶ prostitute : 창녀
▶ mistress : 정부
▶ ain't you : aren't you의 속된 표현
▶ need painted : 칠할 필요가 있다

창녀와 정부와 마누라의 차이점은?
　창녀 :『아직도 멀었어요?』
정부 :『벌써 끝났어요?』
마누라 :『천장 손봐야겠네요.』

2. 양 처

> The neighborhood was saturated with gossip
> about Mr. Jones, who was seen frequently with
> a dazzling blonde. But his wife finally put an
> end to the talk by saying :
> "All I know is that he comes home with all
> of his pay-check, and anything he can get free
> at his age, he's entitled to it !"

▶ saturate : 담그다, 적시다
▶ be entitled to : ∼할 자격이 있다

눈부신 금발아가씨와 어울리는 장면을 자주 목격당한 존즈씨의 풍문으로 온동네가 떠들썩했다. 그러나 존즈부인의 한마디로 이 쑥덕공론은 자취를 감추었다.

『그이는 월급봉투를 고스란히 집에 갖다줍니다. 그러니 그 나이에 공짜로 즐길 수만 있다면야 마다할 것 없잖아요 !』

3. 치 부

The temperance lecturer's voice rose to a fevered pitch as she warned the crowd of the evils of alcohol.

"Who is the richest man in town? " she screamed, "Who has the biggest house? ⋯ the saloon keeper! Who has the finest clothes? ⋯ the saloon keeper! And who pays for all this? ⋯ You do, my friends, you do! "

A few days later, a man who had been in the audience met the lecturer on the street and congratulated her on the rousing speech.

"I'm glad to see that you've given up drinking, " the lecturer said.

"Well, not exactly, " the man admitted.

"I've bought a saloon. "

▶ temperance : 절주, 금주
▶ fevered pitch : 열띤 고음
▶ saloon keeper : 술집경영자

금주계몽강연에 나선 여류연사는 열띤 음성으로 청중들에게 술이 얼마나 고약한 것인가를 이야기했다. 『이 고장에서 제일가는 부자가 누구입니까? 제일 큰 집을 가진 사람은 누굽니까？ …바로 술집주인입니다.
옷을 최고로 잘 입고 있는 사람은 누굽니까？ …술집주
인입니다…. 한데 그 돈이 모두 어디서 났습니까？ …바
로 여러분들의 것입니다！』 그로부터 며칠 후, 이 강연
을 들었던 어떤 사람은 거리에서 이 여류연사와 마주치
자 감동적인 강연을 잘 들었노라고 치하했다.
　『술을 끊으셨다니 반갑습니다』하고 연사는 말했다.
　『아닙니다. 술을 끊은 것이 아니라 술집을 샀습죠.』

4. 가 수

> "How tragic when a great singer realizes her
> voice is gone."
> "Much worse when she doesn't realize."

　『유명한 가수가 자신의 음성이 다 됐다는 것을 깨
달았을 때의 심정이란 얼마나 비참한 것일까.』
『그걸 깨닫지 못할 때의 사태는 더 비참한 거라네.』

5. 도박판의 예절

In a "friendly" poker game, the town's leading doctor was taking a frightful shellacking. Then, the doctor drew a second ace. Unfortunately, his friend Joe, sitting at his right, chose this moment to suffer a heart attack and slumped over the table.

The players rushed him to a couch where he breathed his last. "What'll we do now?" the whitefaced players implored the doctor. "Out of respect for the dead." he replied promptly, "I suggest we finish this hand standing up."

▶ shellack : (미국속어)패배시키다
▶ choose the moment to~ : 바로 그 순간에 ~하다
▶ breath one's last : 숨을 거두다

「친선」 포커판에서 그 고장의 제일가는 의사는 무섭게 돈을 잃고 있었다. 그러던 차에 그에게는 에이스가 또 한 장 들어왔다. 그런데 공교롭게도 바로 그 순간 그의 오른쪽에 앉아 있던 친구 조가 심장마비를 일으켜 테이블 위에 자빠졌다.

동료들은 얼른 그를 소파에 갖다 뉘었는데 그는 거기서 숨을 거뒀다. 얼굴이 창백해진 동료들이 의사를 보고

애원하듯 물었다. 『자아 어떡 한담?』

　의사는 대뜸 대답했다. 『고인에게 경의를 표하는 뜻에서 이번 판만은 기립해서 끝내도록 하는 것이 좋겠어.』

6. 금 연

Jim : "Can I have a cigarette?"
Joe : "Why? I thought you quit smoking."
Jim : "I'm still in the first phase. I quit buying."

▶ quit : 중지하다, 그만두다
▶ in the first phase : 첫단계에

짐 :『담배 한 대 주게나.』
　조 :『웬일이야? 자네 담배 끊은 줄 알았는데….』
　짐 :『아직은 첫단계야. 담배 사는 걸 중지했다네.』

7. 시속 109마일

An elderly lady was stopped by a police officer who asked her why she was driving 66miles per hour in a 35mile speed zone. The lady replied : "But I saw a sign that said 66."

"Madam," the officer explained patiently, "that is the route number."

"Oh goodness, officer ! Good thing you didn't see me on Route 109 ! "

▶ elderly : 늙수그레한, 초로의
▶ oh goodness : 놀라움을 표시하는 감탄구

자동차를 몰고가는 초로의 부인을 제지한 경찰관은 어째서 35마일로 달려야 하는 곳에서 66마일의 속력을 냈는가고 물었다. 그러자 그 초로의 부인은 『하지만 66이라고 적힌 안내판이 있던데 뭘 그래요』라고 말했다.

『부인, 그건 도로번호판입니다요』하며 경찰관은 참을성 있게 설명했다.

『맙소사. 109번도로를 달리고 있을 때에 보지 않았으니 망정이지….』

8. 꿍 심

> Wife : "The new maid has burned the bacon and egg, darling. Won't you be satisfied with a couple of kisses for breakfast?"
> Husband : "Sure. Bring her in!"

부인:『여보 새로 온 가정부가 베이컨하고 달걀을 그만 태워버렸어요. 오늘 아침식사는 키스로 때워버리면 어떻겠어요?』
남편:『좋아. 그 아이 불러와요.』

9. 물장수

> A farmer, paying his first visit to the seashore, asked a boatman if he could buy some water to take home to show his wife. The boatman assented and charged the farmer a quarter.
> A few hours later the visitor returned to the shore. By now the tide had gone out, and the farmer gazed openmouthed at the spectacle.
> "My God! mister," he said, "you've done a good business today."

난생 처음 바닷가에 와본 농부는 뱃사공을 보고 마누라에게 갖다 보여줘야겠다면서 바닷물을 좀 사자고 했다. 뱃사공은 농부의 청을 받아들여 25센트어치를 팔았다.

그로부터 몇 시간이 지난 후 농부는 다시 바닷가로 나왔다. 썰물로 바닷물이 빠져나간 뒤였다. 이 광경을 본 농부는 입이 딱 벌어졌다.

『우와, 당신 오늘 기가 막히게 장사 잘 되는구먼.』

10. 도박광 부부

A young couple who shared a passionate love of gambling made the mistake of going to Las Vegas for their honeymoon. For five hectic days they were dogged by persistent bad luck ; on the morning of the sixth day, they had only two dollars left between them.

"Let me go out alone today, honey," pleaded the boy. "Wait for me at the hotel. I've got a hunch."

At the end of the afternoon he had over ten thousand dollars. He was on the point of leaving when he was overcome by the impulse to cash in further on his lucky streak, and suddenly he put the entire money on "Black." The ball bounced, and settled at "Red."

The boy walked back to the hotel. The girl was waiting for him on the verandah.

"How did you make out ?" she called eagerly.

The boy lit a cigarette. "I lost the two dollars," he said.

▶ hectic : (구어)흥분한, 열띤
▶ dog : (재난 따위가)끝없이 따르다
▶ hunch : (미국구어)예감, 육감
▶ cash in : (미국구어)큰 이득을 보다
▶ lucky streak : 한 차례의 행운

도박열이 대단한 젊은 남녀 한쌍이 하필이면 라스베이가스로 신혼여행을 갔다.

억세게 재수가 없었던 이들 부부는 정신없이 닷새를 보내면서 마냥 잃기만 했다. 엿새째 되는 날 아침 두 사람이 가진 돈은 2달러뿐이었다.

『오늘은 내가 혼자 나가서 해볼게. 호텔에서 기다리고 있어줘. 재수가 붙을 것 같은 예감이 들어.』신랑이 애원하듯 말했다.

그날 오후 늦게 그의 수중에는 1만 달러 이상이 쌓였다. 그는 그 정도로 끝내려다가 기왕이면 운이 좋을 때에 한몫 단단히 보고 싶다는 충동에 압도되고 말았다. 불현듯 그는 가진 돈을 몽땅「블랙」에 걸었다. 공은 바운드하더니「레드」에 가서 멈췄다. 청년은 호텔로 돌아왔다. 신부는 베란다에서 기다리고 있었다.

『어떻게 됐어요?』하고 애타게 기다리던 여자가 물었다.

남자는 담배에 불을 붙이고 말했다. 『그 2달러 잃었어』

11. 첫 키스

Fiance : "If I'm the first man who has kissed you, how come you are so good at it?"
Fiancee : "If I'm the first girl you have kissed, how come you know I'm good?"

약혼자(男):『내가 처음으로 키스하는 남자라면서 어떻게 키스를 그렇게 잘하는 거냐?』
약혼자(女):『내가 처음으로 키스해보는 여자라면서 내가 키스를 잘한다는 건 어떻게 알아요?』

12. 언론의 자유

A German was fishing on the west side of a river in Germany, and a Russian was fishing directly opposite him on the east side of the river. The German was catching plenty of fish; the Russian, none.

"How come you catch so many fish?" asked the Russian.

"Because," said the German on the western side of the river, "the fish over here are not afraid to open their mouths."

독일에 있는 어느 강의 서쪽 강가에서 독일사람이 낚시를 하고 있었는데 같은 때에 맞은편 동쪽 강가에서는 소련사람이 고기를 낚고 있었다. 독일사람은 여러 마리를 낚았으나 소련사람은 단 1마리도 잡지 못했다.

『당신만 그렇게 많이 낚아내니 웬일입니까?』하고 소련사람이 물었다.

『그야 이쪽에서는 고기들이 입벌리는 것을 겁내지 않기 때문이죠』라고 서쪽 강변의 독일사람이 말했다.

13. 상대성

Albert Einstein, asked to explain his theory of relativity in language the layman could understand, said : I was walking once in the country with a friend who was blind. I observed that I would like a drink of cool milk. "Milk?" asked my friend. "Drink I know — but what is milk?"

"It is a white liquid," I told him.

"Liquid, yes — but white — what is that?"

"White is the color of a swan's feathers."

"Feathers I know — but swan I do not."

"A swan is a bird with a crooked neck."

"Neck, of course, but what is meant by crooked?"

I took his arm and straightened it, then bent it at the elbow, and told him that is crooked.

"Oh," exclaimed my blind friend, "now I know what you mean by milk."

▶ theory of relativity : 상대성이론
▶ layman : (전문가가 아닌)아마추어, 문외한
▶ feather : 깃털

알베르트 아인슈타인을 보고 상대성원리에 관해서 보통사람도 알아들을 수 있는 말로 설명해 달라고 했다.

〈한번은 장님친구하고 시골길을 걸은 적이 있었습니다. 그때 나는 시원한 우유 한 잔을 마시고 싶다고 했어요. 그랬더니 그 친구는 『우유라고? 마신다는 것은 뭔지 알겠는데 우유란 뭐지?』하고 물어왔어요.

『그건 흰 액체』라고 내가 이야기해 줬습니다.

『액체는 알겠는데 희다는 건 뭘 말하는 건가?』

『희다는 건 백조의 털과 같은 빛깔을 말하는 걸세.』

『털은 뭔지 알겠는데 백조가 뭔지 모르겠군.』

『백조란 구부러진 목을 가진 새라네.』

『목이 뭔지는 물론 알겠으나 구부러진다는 건 뭔가?』

그래서 나는 그의 팔을 곧바로 폈다가 팔꿈치에서 굽혀보이면서 구부러진다는 것이 그런 걸 말하는 것이라고 했습니다.

그러자 장님인 그는 감탄하면서 『이제 우유가 뭔지 알겠네』라고 하더군요.〉

14. 광고효과(Ⅰ)

It was the shoplifter's ninth offense at the same department store. The store president had the crook brought to his office.

"If you don't mind my asking," said the president, "why is it always my store you pick to rob?"

"Simple," replied the thief. "You always advertise such terrific bargains."

▶ shoplifter : 가게 물건을 슬쩍하는 사람
▶ crook : (속어) 정직하지 못한 사람
▶ pick : 선택하다

백화점에서 물건을 훔쳐 오던 사람이 같은 백화점에서 무려 아홉 번이나 잡혔다. 아홉번째로 잡혔다는 이야기를 듣자 백화점 사장은 그 자를 자기방으로 데려다놓고 물었다.

『어디 이야기 좀 들어봅시다. 어째서 항상 우리 백화점만을 골라서 도둑질을 하는 거요?』

『그거야 간단한 이야기지요. 워낙 싸게 판다고 선전을 해대니 그럴밖에요.』

15. 두 주정뱅이

Two drunks were sitting on the edge of a curb gazing down into the gutter.

"Where are we?" asked one.

"I don't konw," was the reply. "But we must be'way up somewhere. I can't even make out any people down there."

▶ drunk : 주정뱅이
▶ gutter : 도랑
▶ 'way : away : (미국구어)멀리
▶ make out : 알아보다, 분간하다

두 주정뱅이가 길가에 앉아 도랑을 내려다보고 있었다. 『여기가 어디지?』 하나가 물었다.

『몰라. 하지만 아무리 내려다봐도 사람 모습조차 분간할 수 없는 걸 보면 꽤 높은 데 올라와 있는 건가봐.』

16. 엽색경쟁

The members of the T Country Club decided to show the world how fashionable they had become by staging a fox hunt. Every member, it was agreed, would supply one hunting dog.

On the morning of the great event, the self-conscious members gathered in resplendent red jackets, and set off for the chase, while the president and vice-president posted themselves on the clubhouse verandah to follow the action through binoculars.

What nobody knew was that Member Finkowitz had Unwittingly contributed a bitch in heat. When the chase had been in progress for a half hour the vice president asked, "How is it going?"

The president put down the binoculars and said, "I can't understand it. The fox is running fifth."

▶ country club : (테니스·골프·수영 따위의 시설이 있는)교외의 클럽
▶ in heat : (암컷이)암내내어

T 컨트리클럽의 회원들은 여우사냥행사를 벌임으로써 그들이 유행의 첨단을 걷고 있다는 사실을 만

천하에 과시하기로 했다. 각 회원은 사냥개 한 마리씩을 제공하기로 되었다.

어마어마한 행사당일 아침, 남의 시선에 사뭇 신경을 쓰는 클럽회원들은 휘황찬란한 빨간 재킷차림으로 모여들어 여우사냥에 나섰는데 회장과 부회장은 클럽건물 베란다에서 쌍안경을 가지고 회원들의 행동을 지켜보았다.

그런데 아무도 몰랐던 것은 회원의 한 사람인 핑코위츠가 그의 개가 암내를 내고 있다는 것을 미처 모르고 그 개를 사냥에 데리고 온 사실이었다. 사냥이 시작되고 나서 반시간쯤 경과하자 부회장이 물었다. 『어떻게 돼가고 있어요 ?』

회장은 쌍안경을 내리면서 말했다. 『알다가도 모를 일이로구먼. 여우가 5위로 달리고 있어요.』

17. 연구기금

A team of psychiatrists, working under a Federal Research Grant, undertook to determine how people choose which side of the bed to sleep on. After months of intensive research, they concluded that jealous types select the outside edge, away from the wall, in a subconscious attempt to thwart intruders who might break in and steal their partner during the night.

All of which just goes to show how our tax dollars are being wasted···because everybody already knows the person who sleeps nearest the door is the one with the weakest bladder.

▶ psychiatrist : 정신과의사

▶ Federal Research Grant : 미국의 연방정부가 조사활동을 위해서 지급
하는 무상원조

▶ a subconscious attempt : 잠재의식에 의한 시도

연방정부로부터 연구자금을 받은 일단의 정신과 전
문의들은 사람들이 잠자리에 들 때 침대의 어느
쪽을 택하게 되는가를 규명하기 위한 조사를 진행시켰다.

몇달 동안 열심히 조사한 끝에 그들은 결론을 얻어냈
다.

질투심이 강한 사람들은 한밤중에 외부로부터 누군가
가 침입하여 그의 동침자를 슬쩍하는 것을 제지하려는
잠재의식 때문에 벽에 붙지 않은 바깥쪽을 택한다는 것
이다.

그런데 이것은 전적으로 납세자들이 낸 돈이 어떤 식
으로 허비되고 있는가를 보여주는 하나의 예다. 왜 그런
고 하니 문에서 가까운 쪽을 택하는 것은 방광이 작은
사람이라는 것쯤은 누구나가 이미 잘 알고 있는 사실인
것이다.

18. 유 혹

Four clergymen from the same town sat around one evening talking, and all agreed that they were sinners.

"I like to hit the bottle once in a while. Only an hour ago I took two shots of the stuff," said one of the men.

"Gambling is what gets me," admitted the second clergyman. "Matter of fact, I lost quite a bundle two weeks ago."

"Women have always been my problem— especially young widows. I don't always succeed in resisting the temptation," said the third clergyman.

"Drinking, gambling, and even women are no problem with me—never have been. But I do have one serious fault : I just love to gossip, and the spicier and more sensational the gossip, the better I like it. Right now I can hardly wait to leave here and get talking to people around town," the fourth one said.

▶ hit the bottle : 술을 잔뜩 마시다
▶ matter of fact : as a matter of fact : 실은
▶ bundle : (미국속어)큰 돈
▶ spicy : 외설스런

같은 고장에 사는 성직자 네 사람이 어느 날 저녁 한자리에 어울려 담소하고 있었다. 그들은 모두가 죄인이라는 점에 의견을 모았다.

『나의 경우 가끔 술생각이 납니다. 바로 한 시간 전에 난 두 잔을 했답니다』하고 한 사람이 말했다.

『나는 도박이 문제입니다. 실은 2주 전에 꽤 많은 돈을 잃었습니다.』두번째 목사가 이같이 말했다.

『난 항상 여자가 문제죠. 특히 젊은 과부말입니다. 그 유혹을 이겨내지 못하는 경우도 더러 있답니다.』제3의 목사가 말했다.

『술, 도박 그리고 여자조차도 나한테는 문제가 안 됩니다. 나에게는 한 가지 큰 결점이 있는데 그것은 남의 말하기 좋아하는 거랍니다. 외설스럽고 세상을 깜짝 놀라게 하는 것일수록 구미가 당긴단 말입니다. 지금 이 순간 이곳에서 나가서 바깥사람들 하고 수다를 떨고 싶은 충동을 어찌할 수가 없네요.』

19. 현지처

One of the bright young man who repre-sented Standard Oil in south-east Asia returned to America for a vacation, in the course of which he met and married a lovely girl from his hometown.

"You'll just love the place," he assured her again and again on the way to his Asian post, "particularly my houseboy, Lin. You won't have to lift a finger. Lin runs the household beautifully."

The bride met Lin, and approved. The next morning her husbnad kissed her good-bye before reporting back on the job.

"Sleep as long as you like, darling," he told her.

"Lin will take care of everything."

A few hours later she awoke again, to find herself being shaken ever so gently by Lin.

"Time to get dressed and go home now, Missy," he said.

▶ bright : 똑똑한

▶ in the course of : during, ～중에

▶ report back on the job : 직장으로 돌아가다

▶ missy : (구어)아가씨

스탠더드 오일회사의 대표로 동남아에 나가 있던 똑똑한 청년 한 사람이 휴가를 얻어 미국에 돌아왔다가 고향에서 예쁜 아가씨와 알게 되어 결혼했다.

신부를 데리고 아시아의 근무지로 가면서 그는 몇번이고 되풀이해서 장담했다. 『그곳이 마음에 들 거야. 특히 하우스보이인 린군이 마음에 들 거라구. 당신은 손가락 하나 까딱할 필요가 없어. 린군이 집안을 깨끗이 꾸려나가니깐.』

신부는 린군을 만나보더니 마음에 든다고 했다. 이튿날 아침 남편은 회사로 나가면서 부인에게 키스했다. 『실컷 자요. 모든 것은 린군이 처리해줄 테니.』

몇시간 지나고 나서 다시 깨어보니 린군이 아주 얌전하게 자기를 흔들어 깨우고 있는 것이 아닌가. 『아가씨, 이제 옷입고 돌아갈 시간이 됐어요.』

20. 팁

> "I will take a meal out occasionally but I
> never get to the same restaurant twice."
> "I don't ever leave a tip either."

▶ take a meal out : 외식하다

『난 간혹 외식을 하지만 절대로 같은 음식점에 두번 가는 일은 없어.』『나 역시 팁은 절대로 주지 않는다네.』

21. 은 행

A young banker picked up the telephone. His end of the conversation went as follows :

"No. No. No. No. No. No. Yes. No. No. No."

Finally, with a last explosive "No" he hung up the phone.

The vice-president of the bank overheard him and grumbled,

"What d'ya mean by saying yes to that fellow?"

"I had to," explained the other, "he asked me if I could hear him."

젊은 은행원이 수화기를 집어들었다. 이 전화통화에서 그는 다음과 같이 말했다.

『아니오. 아니오. 안 됩니다. 안 됩니다. 안 됩니다. 안 됩니다. 네에 그럼요. 안 됩니다. 안 됩니다. 안 됩니다.』

마침내 『안 됩니다』를 마지막으로 호통치더니 그는 수화기를 내려놓았다.

그의 통화를 엿듣고 있던 부행장이 불평을 했다.

『아니 그 사람보고 「네에 그럼요」 하면 어쩌자는 건가?』

『그럴 수밖에요. 그가 하는 말이 들리느냐고 묻는데 달리 뭐라고 대답합니까』 하고 젊은 행원은 설명했다.

22. 코치와 선수

Coach to college football star : "You are out of condition. What have you been doing, studying ?"

코치가 대학축구팀의 스타선수를 보고 말했다.
『자네 컨디션이 안 좋군. 요즘 뭘했어, 혹 공부했던 거 아냐?』

23. 다 변

Some of us who talk too much at times may learn something from the mistake made by Rastus.
Judge : "Guilty, or not guilty ?"
Rastus : "Not guilty, suh."
Judge : "Have you ever been in jail ?"
Rastus : "No, suh, ah nevah stole nothin' befo."

이따금 필요 없이 말수가 많아지는 사람들에게는 라스터스가 저지른 다음과 같은 실수가 하나의 교훈이 될 수 있을 것이다.
판사 :『피고는 죄를 인정합니까, 아니면 무죄를 주장합니까?』
라스터스 :『저는 죄가 없습니다요, 판사 나으리.』
판사 :『피고는 이전에 감옥에 들어갔던 적이 있습니까?』
라스터스 :『아닙니다 나으리. 난 전에는 물건을 훔쳤던 일이 없습니다요.』

24. 구두쇠(Ⅰ)

A University of British Columbia professor who makes almost a ritual of walking to work, rain or shine, consented to accept a lift from a friend who overtook him hiking along through a heavier-than-usual coastal mist.

As the professor climbed in, the driver noticed he wore only one rubber and exclaimed sympathetically, "Lost a rubber, huh?" When the professor merely answered no, his friend demanded, "Isn't it a bit odd wearing only one?"

The professor said no again, adding, "Only one shoe has a hole in it."

비가 오나 볕이 나나 으레 걸어서 출근하곤 하는 브리티시 콜럼비아 대학의 교수 한 사람은 어느 날 유달리 짙은 바닷가의 안개 속을 털레털레 걷고 있었는데 때마침 자동차를 몰고 지나가던 친구가 편승을 권하기에 올라탔다. 차에 올라올 때 보니 교수는 한쪽 구두에만 고무덧신을 신고 있었다. 자동차를 몰고 온 사람은 동정조로 한마디 건넸다.

『고무덧신 한 짝은 잃어버린 게로군.』

그러나 교수는 그런 것이 아니라고 외마디로 부인하고 말았다.

그래서 그 친구는 『고무덧신을 한 짝만 신고 다닌다는

건 좀 이상스럽잖아?』하고 되물었다.

교수는 다시금 부인하고는 한마디 덧붙였다. 『구두가
한쪽만 구멍이 났거든.』

25. 촌 극

A middle-aged man set off for a house where a children's party had been arranged. "Don't announce me," he said to the man who let him in.

Leaving his hat and coat in the hall, he opened the drawingroom door, through which a buzz of conversation could be heard. Dropping on his hands and knees, he entered making noises like a horse neighing.

There was a dead silence. He looked up and found half a dozen people regarding him with perplexity and alarm. He was in the wrong house.

▶ Don't announce me : 내가 왔다고 알리지 말라
▶ buzz : 낮은 목소리로 여러 사람이 이야기하는 소리
▶ dead silence : 쥐죽은 듯한 침묵

어린이들의 파티가 열리기로 되어 있는 집으로 찾
아간 중년 신사는 현관문을 열어준 사람을 보고

『내가 왔다는 소리 마세요』라고 했다.

모자와 코트를 홀에 벗어놓은 손님은 응접실문을 열었다. 안에서 사람들의 말소리가 들려왔다. 신사는 엎드리더니 흡사 말이 우는 소리를 내면서 안으로 엉금엉금 기어들어갔다.

방 안은 쥐죽은 듯 조용해졌다. 말시늉을 내던 사나이는 고개를 치켜들었다. 여섯 사람의 눈이 어리벙벙해서 경계하는 눈초리로 그를 바라보고 있었다. 엉뚱한 집으로 찾아온 것이다.

26. 8녀 1남

A persevering couple shrugged off eight successive daughters and finally produced a boy on their ninth try. The delirious father promptly went on a week-long toot that broke several records. On the seventh day, somebody asked him, "Who does it look like, you or your wife?"

"I don't know," chortled the proud papa. "We haven't looked at his face yet."

▶ persevering : 끈기 있는
▶ shrug off : (아이가 태어날 때마다 「또 딸이야」 하는 실망을 표시하면서) 어깨를 으쓱하다
▶ delirious : 좋아 날뛰는

연거푸 딸만 여덟이나 생겨나서 실망을 감추지 못했던 부부는 끈기 있는 노력 끝에 마침내 아홉 번째는 아들을 낳게 되었다. 남편은 좋아서 어찌 할 바를 모르면서 곧 한 주 동안의 주연을 벌였는데 그것은 여러 가지 점에서 종래의 기록을 깨뜨린 것이었다.

이레째 되는 날이었다. 누군가가 물었다. 『어린애는 누굴 닮았어. 자네쪽인가 아니면 부인쪽인가?』

『모르겠는걸.』 신바람이 난 남편은 껄껄 웃으면서 말했다.

『아직 얼굴은 보지도 않았다네!』

27. 퇴 물

Friendly neighbor : "I'll loan you anything I've got, except my wife…her, I'll give you !"

▶ loan : (주로 미국)(남에게 물건을) 빌려주다

다정한 이웃 :『우리집에 있는 건 뭐든지 죄다 빌려 드리겠습니다. 내 마누라만은 제외하고 말입니다…. 내 마누라만큼은 공짜로 드리리다.』

28. 고양이의 보은

An elderly widower loved his cat so dearly he tried to teach it to talk.

"If I can get Tabby to converse with me," he reasoned, "I won't have to bother with ornery humans at all."

First he tried a diet of canned salmon, then one of canaries. Tabby obviously approved of both — but he didn't learn to talk. Then one day the widower had two extremely loquacious parrots cooked in butter and served to Tabby. Tabby licked the plate clean, and then suddenly turned to her master and shouted, "Look out!"

Possibly the widower didn't hear, because he never moved a muscle. The next moment the ceiling caved in and buried him under a mass of debris.

The cat shook her head and said in disgust, "Eight years he spends getting me to talk, and then the sap doesn't listen."

▶ ornery : (미국 구어)성질이 고약한, 야비한
▶ Look out! : 조심하라!
▶ cave in : (땅이) 함몰하다
▶ sap : (미국 속어) 멍텅구리

늙은 홀아비는 그의 고양이가 귀여운 나머지 말을 가르치기로 했다.

『태비가 나하고 이야기할 수만 있게 된다면 시시한 사람들과 어울릴 필요도 없어질 것 아닌가.』

처음에는 연어통조림, 다음에는 카나리아를 먹이면서 말을 가르치려 했다. 태비는 이것들을 좋아하는 것 같았으나 말을 배우지 않았다.

그러던 어느 날 영감은 무척 수다스러운 앵무새 두 마리를 버터로 튀겨서 고양이에게 줬다. 태비는 그 접시를 깨끗이 핥아버리고 나서 별안간 주인쪽을 향하더니 소리질렀다. 『비키세요!』꼼짝 않는 걸 보면 영감은 그 소리를 듣지 못한 것 같았다. 다음 순간 천장이 내려앉으면서 노인은 그 속에 깔려버렸다.

『8년이나 말하는 걸 가르쳐 왔으면서 정작 말을 해줄 때엔 바보같이 듣지도 않는군.』고양이는 고개를 저으면서 말했다.

29. 취 태

> The husband came home intoxicated after a party. As he walked up the front steps of his home, he fell and cut his face. He realized that he must stop the bleeding and clean the cut, so he went to the bathroom very quietly and got to work.
>
> Next morning his wife accused him of coming home drunk, but he denied it. At last she said : "If you were sober last night, how did all that adhesive tape happen to get on the bathroom mirror ?"

▶ sober : 술 취하지 않은, 술마시지 않은

파티에 참석했던 남편은 술에 취해서 돌아왔다. 집 앞 계단을 올라오던 그는 그만 넘어져서 얼굴을 다쳤다. 피가 흐르는 것을 막고 상처를 깨끗이 씻어야겠다는 생각이 들자 그는 가만가만 욕실로 가서 수고를 했다.

이튿날 아침, 부인은 남편을 보고 술에 취해 다닌다고 나무랐다. 그러나 남편은 그것을 부인했다. 그러자 부인이 반문했다. 『아니 정신이 멀쩡한 사람이 어째서 반창고를 온통 욕실 거울에다가 붙여놓은 거죠 ?』

30. 완전대행

Salesman : "This machine will do half your work."

Customer : "Fine, I'll take two ! "

판매원 : 『이 기계는 당신 일의 반을 해줄 겁니다.』
손님 : 『좋아요, 그럼 두 대를 삽시다.』

31. 셜록 홈즈

Watson never ceased to be astounded by Sherlock Holmes deductions. They were in the locker room of a country club one day and Watson found another occasion to test his mentor's power of deduction. Seeing a nude man who was completely dingy except for his male organ that was sparkling white, Watson turned to Holmes and said : "I dare you to tell me who that man is."

Holmes flicked him with a casual glance. "Elementary, my dear Watson," he drawled, "it's obvious that he's a coal minor on his honeymoon."

▶ male organ : 남자성기
▶ dare : (~을 해보라고) 도전하다

셜록 홈즈의 추리력 앞에 윗슨은 감탄을 금할 길이 없었다. 어느 날 두 사람은 컨트리클럽의 탈의실에 있었는데 때마침 윗슨은 똑똑한 그 친구의 추리력을 테스트해볼 수 있는 또 하나의 상황을 발견했다. 성기만이 유난히 희끔할 뿐 온통 거무죽죽한 벌거숭이 사나이를 보자 윗슨은 홈즈에게 말했다.

『저 사나이의 정체를 알아맞춰 봐요.』

홈즈는 그 사나이를 한번 흘낏 보더니 점잖게 말했다. 『이 친구야, 이건 초보적인 문제일세. 저 사람은 분명코 신혼여행 중인 광부라구.』

32. 전기의자

> Mrs. Bemish said to her husband, "Last year we sent Mother a chair. What do you think we ought to do for her this year?"
> Mr. Bemish replied, "Electrify it."

비미시부인이 남편을 보고 『지난해엔 어머니한테 의자를 선사했었는데… 금년엔 뭘 선물할까요?』라고 물었다.

남편이 응수했다. 『거기다가 전기장치 해드리지 그래.』

33. 입지전

An old farmer was once asked by a young man how it was he had become so rich.

"It is a long story," said the old man, "and while I'm telling it we may as well save the candle." And he put it out.

"You need not tell the story," said the youth. "I understand."

▶ may as well : ~하는 것이 좋다

젊은이가 늙은 농부를 보고 어떻게 해서 그토록 부자가 되었느냐고 물은 적이 있었다.

『그걸 설명하려면 한참 이야기를 해야 하네. 그러니 이야기를 하는 동안 초를 아끼는 것이 좋겠어』하며 노인은 촛불을 껐다.

그러자 젊은이는 말했다.

『이야기를 듣지 않아도 되겠어요. 이제 잘 알겠습니다.』

34. 생 색

A wife woke her husband from a sound sleep early one morning. "Listen," she said, "last night 1 dreamed you gave me $100 to buy some new clothes. You wouldn't spoil a great dream like that, would you?"

"Cerainly not," her husband answered. "I'll show you how generous I can be. You can keep the $100."

어느 날 이른 아침, 부인은 깊이 잠든 남편을 깨웠다.

『여보, 간밤에 꿈을 꿨는데 당신이 새 옷 사라면서 100달러를 주더라구요. 당신 이처럼 좋은 꿈을 망쳐버리지는 않을 테죠.』

『그럴 리가 있나. 내가 얼마나 아량이 있는지를 보여주지. 당신말야, 그 100달러 그대로 가지라구.』

35. 마라톤(Ⅰ)

The beaming young bride drove off with her new husband to a secluded spot at the lakeshore for a two-week honeymoon.

When they returned, she immediately phoned her mother as soon as her husband had stepped out of their apartment.

"Mamma," asked the puzzled girl. "When do men sleep?"

▶ beaming : 기쁨에 넘친, 희색이 만면한
▶ secluded : 외진, 호젓한

희색이 만면한 젊은 신부는 2주의 신혼여행을 위해 호젓한 호숫가로 떠났다.

여행에서 돌아온 신부는 남편이 아파트에서 나간 틈에 친정에 전화를 걸었다.

『엄마, 남자들 언제 잠을 자는 거죠?』

36. 선 거

It was a heated discussion of election procedures, and the group was evenly divided as to their honesty until one young man said : "I know the elections are crooked. In our last election I ran for secretary and voted for myself 3 times, but when the returns were in, I didn't have a single vote."

▶ a heated discussion : 열띤 토론
▶ election procedures : 선거절차, 선거방식
▶ crooked : 부정직한, 부정수단에 의한
▶ return : 통계, 집계

선거절차의 공정성을 놓고 열띤 토론을 벌인 끝에 토론자들의 의견은 찬반 동수로 갈렸다. 그때 한 청년이 말했다. 『난 선거에 부정이 있다는 걸 잘 알고 있습니다. 지난번 선거 때 난 서기로 입후보해서 나한테 세 표를 던졌었는데 개표해놓고 보니 단 한 표도 안 나오더라구요.』

37. 아버지와 아들(Ⅰ)

Little Boy(calling father at office) : Hello, who is this?

Father(recognizing son's voice) : The smartest man in the world.

Little Boy : Pardon me. I got the wrong number.

아빠 사무실로 전화를 건 꼬마 :『여보세요, 누구세요?』

아빠(아들 음성을 알아듣고) :『이 세상에서 제일 똑똑한 사람인데요.』

꼬마 :『죄송해요, 잘못 걸었어요.』

38. 엄한 아버지

Firm father : "I want you home from your date by 10 o'clock!"

Teen daughter : "But I'm no longer a child, daddy."

Firm father : "I know···that's why I want you home by 10 o'clock!"

엄한 아버지 : 『열시까지는 데이트 마치고 돌아와야 해.』

십대의 딸 : 『하지만 아빠, 난 이제 어린애가 아니란 말예요.』

아버지 : 『잘 알고 있어. 그러니까 열시까지 돌아오라는 거야.』

39. 격 리

> A man attending his son's graduation noticed the procession was arranged according to height, with the shortest youngsters up front. However, the first kid in line was one of the tallest. He asked a student why they had put the tall kid first.
>
> "Was he president of the class?"
>
> "No," said the girl he asked. "He pinches."

▶ procession : 행렬, 행진
▶ pinch : 꼬집다

아들 졸업식에 간 신사는 졸업생들의 행렬이 키가 작은 아이들을 앞으로 하여 키의 차례대로 이루어졌음을 볼 수 있었다. 그런데 행렬 맨 선두에는 제일 키큰 아이 한 명이 서 있었다. 그래서 그는 어째서 키큰 아이를 맨 앞에 세웠는지를 어떤 학생아이에게 물었다.

『저 녀석은 학습의 반장인가?』

『아뇨. 저 애는 우리를 꼬집는단 말이에요.』 질문을 받은 여학생이 대답했다.

40. 여자의 치장

An employee of a large company walked into the office one morning an hour late for the third time that week and found the boss waiting for him.

"What's the story this time?" asked the boss sarcastically.

"Well, everything went wrong this morning, boss," sighed the employee. "The wife decided to drive me down to the station. She was ready in 10 minutes but then the drawbridge got stuck. Rather than be late for work. I swam across the river — see, my suit's still damp."

"You'll have to do better than that," snapped the boss. "No woman can get ready in 10 minutes!"

▶ sarcastically : 빈정대면서, 비꼬는 투로
▶ drawbridge : 개폐식교량, 가동식교량
▶ stick : 꼼짝달싹 못하게 하다

어느 큰 회사에 근무하는 사람이 하루는 한 시간이나 늦게 출근해 보니 사장이 그를 기다리고 있었다. 그것은 그 주 들어 세번째 지각이었다.

『오늘은 무슨 사연인가?』하고 사장이 빈정대면서 물었다. 『오늘 아침엔 모든 일이 꼬여버렸습니다 사장님. 저의 처가 정류장까지 태워다주기로 했습니다. 그래서 10분 안에 떠날 준비를 마치고 저와 함께 나섰는데 다리를 건너려고 하니 개폐식교량에 고장이 생겨서 움직이지를 않지 뭡니까. 그래서 회사에 지각할 수도 없고 해서 강물에 뛰어들어 헤엄쳐서 건너왔습니다. 보십시오, 옷이 아직도 젖어 있습니다.』그는 탄식조로 하소연했다.

『이봐, 꾸며대려면 좀더 그럴싸하게 꾸며대라구. 10분 안에 외출준비를 할 수 있는 여자가 어디 있다던가!』

41. 재(財)테크

"Will you tell me, my friend, how you manage that you are never pressed for money, but always have plenty of it?"
"That's simple; I never pay old debts."
"But how about the new ones?"
"I let them grow old."

『여보게 어떻게 해서 자네는 돈에 쪼들리는 일없이 늘 그렇게 돈이 잘 도나?』

『간단한 이야기야. 오래 된 빚은 절대로 갚지 않는 걸세.』

『하지만 새 빚은 어떻게 하고?』

『새 거야 묵은 것이 되도록 끌고 가야지.』

42. 정신과

"I see you were last employed by a psychiatrist," said the employer to the applicant. "Why did you leave?"

"Well," she replied, "I just couldn't win. If I was too late to work, I was hostile. If I was early, I had an anxiety complex. If I was on time, I was compulsive."

▶ psychiatrist : 정신과의사
▶ win : 설복하다, (남의)마음에 들게 되다
▶ anxiety complex : (신경정신과)불안감
▶ compulsive : 강박적인

『정신과의사한테서 일했다고 하는데 어째서 그만뒀죠?』 하고 고용주가 취직하러 온 여자에게 물었다.

『글쎄요. 도저히 그분의 비위를 맞출 수가 없더군요. 좀 늦게 출근하면 적개심에 사로잡혀 있다고 하고, 좀 일찍 나가면 불안감에 사로잡혀 있다는 것이고, 정각에 출근하면 강박감에 사로잡혀 있다는 겁니다.』

43. 숙 녀

Rosemary returned from her summer vaca-tion in on a beach resort. "You'd never be-lieve what happened to me on the beach," she reported to Rita, a fellow worker.

"Tell me, tell me!" urged Rita.

"I bought a bikini and went for a swim. Af-ter diving under a wave I found that the top of the suit was missing."

"Oh, how awful!" said Rita. "What did you do?"

"I did what any decent female would do," said the girl, "I covered my face with my hands and ran back to the hotel as fast as I could!"

해 변유원지에서 여름휴가를 보낸 로즈메리가 돌아와서 직장동료인 리타하고 이야기를 했다. 『바닷가에서 어떤 일이 있었는지는 상상조차 못할 거야.』

『이야기해봐, 빨리.』 리타가 졸랐다.

『비키니를 사가지고 수영하러 갔어. 그런데 파도 속으로 다이빙하고 나서보니 브래지어가 없어졌지 뭐야.』

『어머나, 그래서 어떡했어?』

『왜 있잖아, 점잖은 여자들처럼말야, 두 손으로 얼굴을 가리고 호텔까지 정신없이 달음박질쳤어.』

44. 왕 초

The lion was stalking through the jungle
looking for trouble. He grabbed a passing tiger
and asked, "Who is the king of the jungle?"
"You are, Omighty lion," aswered the tiger.
The lion then grabbed a bear and asked,
"Who is boss of the jungle?"
"You, O mighty lion," answered the bear.
Next the lion met an elephant and asked,
"Who is boss of the jungle?" The elephant
grabbed him with his trunk, whirled him
around and threw him up against a tree, lea-
ving him bleeding and broken. The lion got up
feebly and said, "Just because you don't
know the answer is no reason for you to get
so rough."

▶ stalk : 성큼성큼 걷다, 활보하다
▶ look for trouble : 공연한 짓을 하다, ask for trouble이라고도 한다.
▶ O : oh
▶ get rough : 사납게 굴다
▶ boss : 왕초

사자는 공연히 집적거리면서 밀림 속을 쏘다녔다. 지나가는 호랑이를 붙잡고 물었다. 『이봐, 밀림의 왕이 누구야?』『그야 힘센 사자, 바로 너잖아』하고 호랑이가 말했다. 다음으로 사자는 곰을 붙잡고 물었다. 『밀림의 왕초가 누구야?』

『힘센 사자 너잖아.』

　다음으로 사자는 코끼리와 마주쳤다. 『밀림의 왕초가 누구야』 하고 물었다. 코끼리는 코로 사자를 집어가지고 휙 한 바퀴 돌리더니 나무로 던졌다. 풀이 죽은 사자는 피를 흘리면서 기운 없이 일어나더니 말했다. 『이봐, 묻는 말에 대한 해답을 모르겠다 해서 이렇게 사납게 굴 것까지야 없잖아?』

45. 큰 책

A traveling preacher was trapped by a snow-storm at one of the farms on his circuit. The lady of the house was delighted to have such a distinguished guest and did everything she could think of to make him comfortable.

When evening fell, she inquired if the preacher would like to read the Bible and pray before retiring. He assured his hostess that he would be grateful for the privilege. So she turned to her young son Abner and said, "Go into the parlor, dear, and bring me that big book Mama and Papa are always reading."

The boy disappeared for a moment and then returned triumphantly carrying the Sears, Roebuck catalog.

▶ circuit : 순회교구

▶ the lady of the house : 주부
▶ retire : 잠자리에 들다
▶ privilege : 특별 취급, 특별한 대접
▶ Sears, Roebuck : 카탈로그에 의한 배달판매로 유명한 미국의 백화점
업체

순회여행 중이던 목사님은 눈보라를 만나 그의 순회교구 안의 한 농장에서 발이 묶였다. 농장 아낙네는 귀한 손님을 맞아 그를 극진히 대접하려고 온 정성을 다했다. 밤이 되자 아낙네는 잠자리에 들기 전에 성경을 읽고 기도를 드려야 하지 않겠느냐고 목사님에게 물었다. 목사님이 그거 참 고마운 일이라고 하자 아낙네는 어린 아들녀석을 보고 일렀다. 『애야, 너 응접실에 나가서 엄마랑 아빠랑 늘 보는 그 큰 책 좀 가져오렴.』

자리에서 일어났던 꼬마녀석은 잠시 후 시어즈 로벅의 카탈로그를 들고 으스대며 나타났다.

46. 수수께끼

"Can you name an animal that has eyes and cannot see : legs and cannot walk but can jump as high as the Empire State Building?" asked the life of the party.

Everybody racked his brains during a period of deep silence, and racked in vain. Finally, they gave it up and demanded the solution.

"The answer," he said, "is a wooden horse. It has eyes and cannot see and legs and cannot walk."

"Yes," the company agreed. "But how does it jump as high as the Empire State Building?"

"The Empire State Building," the humorist explanined, "can't jump."

『눈이 있지만 보지를 못하고, 다리가 있지만 걷지 못합니다. 그러면서도 엠파이어 스테이트 빌딩만큼 뛸 수 있는 동물이 뭔지 알아맞춰 보시죠.』 파티의 익살꾼이 문제를 내놓았다.

좌중에는 깊은 침묵이 깔렸다. 모두가 머리를 짜봤으나 허사였다. 마침내 다들 포기하고 해답을 들어보자고 했다.

『해답은 목마입니다. 눈이 있지만 보지를 못하고, 다리가 있지만 걷지를 못합니다』라고 익살꾼이 설명했다.

『그건 그래요. 하지만 목마가 어떻게 엠파이어 스테이트 빌딩만큼 뛸 수 있다는 거죠?』하며 다들 물었다.

『엠파이어 스테이트 빌딩이 어디 점프를 할 수 있던가요?』하는 것이 익살꾼의 설명이었다.

47. 보 모

Bobby's mother had been away for a few weeks and was questioning her small son about events during her absence.

"Well," said the boy, "one night we had an awful thunderstorm. It was so bad that I got scared, and so daddy and me slept together."

"Bobby," said Babette, the boy's pretty nursemaid, "you mean 'daddy and I.'"

"No, I don't," exclaimed Bobby. "That was last Thursday. I'm talking about Monday night."

몇 주 동안 집을 비웠던 보비군의 어머니가 그 동안에 있었던 일들에 관해서 꼬마녀석에게 물었다.

『글쎄 있잖아, 하룻밤은 천둥이 무섭게 쳤어. 어찌나 요란스럽게 치는지 되게 겁나데. 그래서 아빠랑 나랑 같이 잤어.』

이때 어린 것을 보살피기 위해서 이 집에 와 있는 예쁜 보모아가씨가 끼어들었다.

『보비, 「아빠와 내가」란 말이지?』

『아냐 그게 아니야. 그건 지난 목요일의 일이었잖아. 난 지금 월요일밤 이야기를 하고 있단 말야.』

48. 은 행 (Ⅱ)

The crusty president of a country bank suddenly decided to be candid on his eightieth birthday when somebody asked him, "How did you get started in the banking business anyway?"

"Wasn't nothing to it," confessed the old moneybags. "I jist hung out a sign sayin' Bank. Fust thing you know, a feller comes along and deposits $100. A little later, another comes along and deposits $200. By that time I was so confident I put in ten dollars of my own money."

▶ candid : 솔직한, 거리낌없는
▶ moneybags : (구어)부자

80회 생일을 맞은 무뚝뚝한 시골은행장은 누군가가 『한데, 영감님께서는 어떻게 해서 은행일을 시작하게 됐던 겁니까?』하고 물어오자 불현듯 사실대로 털어놓고 싶은 생각이 들었다.

『그게 별것 아니더군. 무턱대고 「은행」이라고 적힌 간판 하나를 내걸어봤지 뭔가. 그랬더니 한 사람이 나타나서 100달러를 예금하더군. 얼마 안 가서 또한 사람이 나타나더니 이번엔 200달러를 예금하더란 말야. 그쯤되고 보니 나도 자신이 생기더라 이거야. 그래서 내돈 10달러를 집어넣었던 걸세』하고 이 부자영감은 실토했다.

49. 시장개방

George and Bill became interested in modern art at about the same time. George bought a picture, by an artist who the dealer assured him was the American El Greco, for two hundred dollars.

A couple of weeks later he sold it to Bill for two hundred and fifty. Then Bill sold it back to George for three hundred. Gradually the boys worked the price up to a thousand.

Then one day Bill reported that he had sold the picture to a rank. outsider named Scherman.

"You fool," chided George. "What did you do that for just when both of us were making a fortune on it."

▶ El Greco : 17세기 초에 활약했던 스페인의 화가
▶ rank : 완전한
▶ make a fortune : 부자가 되다, 한 재산 벌다

조지와 빌은 거의 비슷한 시기에 근대미술에 흥미를 가지게 되었다. 조지는 200달러짜리 그림을 샀는데 화상의 이야기로는 그 그림을 그린 사람은 미국판 엘 그레코라는 것이었다.

2주 후 그는 그 그림을 250달러 받고 빌에게 팔았다. 얼마 후 빌은 300달러받고 같은 그림을 다시 조지에게 팔았다. 두 사람 사이에서 거래가 거듭되는 동안에 그림 값은 점점 비싸져서 1,000달러에 이르렀다.

그러던 어느 날 빌은 그 그림을 셔먼이라는 전혀 알지도 못하는 제3자에게 팔았다고 했다. 조지가 나무랐다.

『이런 바보녀석 같으니라구. 우리 두 사람이 그토록 큰 돈을 벌어온 밑천을 없애버리다니 그게 무슨 짓이야.』

50. 누드쇼

A comely young Wac was walking alone on a dusty road when she espied a shimmery lake in a grove of beautiful green trees. Not a soul was in sight. On an impulse, she took off all her clothes, and had a fine swim and sun bath in the altogether.

Suddenly she saw an officer heading purposefully in her direction. She made a dive for her clothes, and sighed with relief when she got the last button closed before he entered the glade.

The officer paid no attention to her whatever. He walked to the edge of the lake, wheeled about and barked,

"Camouflage battalion, 'tenshun ! Forward march ! " Every tree around the lake marched off !

▶ comely : 예쁜, 잘 생긴

▶ Wac : WAC(Women's Army Corps) : 미국의 여군
▶ grove : 작은 숲
▶ in the altogether : 알몸으로
▶ make a dive for : ~을 잡으려고 하다.
▶ glade : 숲속의 빈터
▶ 'tenshun : attention : (구령) 차렷!

먼 지길을 혼자 털레털레 걸어가던 예쁜 여군아가씨는 아름다운 푸른 나무들에 둘러싸여 반짝이는 호수를 발견했다. 근방에는 아무도 없었다. 기분내키는 대로 아가씨는 옷을 홀랑 벗어던지고는 수영을 즐긴 후 알몸으로 일광욕을 했다.

갑자기 장교 한 사람이 저쪽에 나타났는데 분명히 그녀한테로 다가오고 있는 것 같았다. 얼른 옷을 집어입은 아가씨는 그 장교가 나무들 사이에까지 이르렀을 무렵에는 마지막 단추를 잠그고 한숨 돌렸다.

그런데 그 장교는 아가씨에게는 아랑곳하지 않고, 호숫가로 걸어가더니 뒤로 돌아서서 호령했다.

『위장대대, 차렷! 앞으로 갓!』 호숫가의 나무들이 일제히 움직였다.

51. 보복(Ⅰ)

> "There must be some mistake!" exclaimed
> the honest patron after examining his bar bill.
> "I had three Scotch and waters, and this bill
> comes to only fifteen cents."
>
> "No mistake, pal," replied the bartender. "I
> charged you only a nickel a drink."
>
> "That's amazing," replied the customer,
> "but how can you afford to run a place like
> this if you charge only a nickel a drink?
> Aren't you afraid you'll wind up out of
> business?"
>
> "No," replied the bartender, "but, then, I'm
> not the owner."
>
> "Oh," replied the customer, "where is the
> owner?"
>
> "Upstairs," replied the bartender, "with my
> wife. And what he's doing to her up there I'm
> doing to him down here!"

▶ patron : 단골손님, 고객

『이』거 뭔가 잘못 됐나보군. 스카치 앤드 워터 석 잔을 마셨는데 계산에서는 15센트밖에 안 올랐는걸.』 정직한 손님은 계산서를 들여다보더니 이렇게 말했다.

『그런 게 아닙니다. 한 잔에 5센트씩만 받기로 한 거라구요』라고 바텐더는 설명했다.

『이거 참 놀라운 일이로구먼. 하지만 한 잔에 겨우 5센트를 받아가지고 어떻게 이런 장사를 유지해 나간다는 거지. 이러다간 거덜날텐데 걱정되지 않아요?』

『천만에요. 거덜나봐야 난 주인이 아닌걸요.』

『참 그렇군. 그럼 주인은 어디 있고?』

『위층에요. 내 마누라와 함께 말입니다. 그래서 그가 위층에서 내 마누라에게 하고 있는 것과 똑같은 짓을 난 아래층에서 그에게 해주고 있는 겁니다요.』

52. 양동작전

During the construction of a luxurious country estate that had won first prize at an architects' contest, a rigid guard was established to prevent the theft of valuable materials. Everyday at noon, one particular workman took to appearing at the exit gate with a wheelbarrow loaded with straw. The guard, convinced there was dirty work afoot, searched the straw more carefully daily, but could find nothing to substantiate his suspicions, and had to let the workman pass. A year later, the guard met the workman, evidently enjoying great prosperity.

"Now that all is said and done," pleaded the guard, "just what were you stealing everyday on that architects' prize project?"

The workman whispered, "Wheelbarrows."

건축사 콘테스트에서 1등상을 받은 설계에 의한 호화판 시골별장의 건축현장에서는 값비싼 자재의 도난을 막기 위해서 경비가 엄했다.

그런데 매일 점심 때만 되면 일꾼 한 사람이 짚이 담긴 손수레를 끌고 출입구에 나타났다.

틀림없이 뭔가를 숨겨가지고 나가려는 것이라고 생각한 경비원은 매일같이 짚 속을 샅샅이 뒤졌으나 그의 혐의를 뒷받침할 만한 아무것도 찾아내지 못했으므로 하는 수없이 통과시키곤 했다.

그로부터 1년 후 경비원은 그 일꾼과 마주쳤는데 매우 잘 지내고 있는 것 같았다.

『이제 다 지나간 이야기니 어디 좀 알아봅시다. 그때 그 건축현장에서 당신이 훔쳐낸 것이 뭐였죠?』

『손수레요.』그는 음성을 죽여 귀띔했다.

53. 형 제

Mother : "Now Donnie, you must not be selfish. You must let your little brother have the sled half the time."
Donnie : "But Mother, I do. I have it going down the hill and he has it going up."

어머니 :『얘 도니야, 너 그렇게 욕심부리면 안 돼. 너만이 독차지할 게 아니라 동생한테도 썰매를

쥐야지.』

　도니 : 『하지만 엄마, 우리는 서로 번갈아가면서 썰매 임자가 되고 있는걸요. 언덕에서 내려갈 때엔 내 차지가 되고 올라갈 때엔 저 녀석차지가 되고….』

54. 자본주의 몰락

> A Russian economist, returned home after an extended visit to the United States, was asked by a friend what he had been doing abroad.
> "I went over there to study the death of capitalism," said the economist.
> "What are your conclusions?" asked the friend.
> "What a wonderful way to die!" whispered the economist.

▶an extended visit to the U.S. : 미국장기체류(여행자의)

　미국에 가서 한동안 머물렀다가 돌아온 소련경제학자를 보고 해외에 나가서 뭘 했느냐고 친구가 물었다.

　『자본주의의 멸망에 관해 연구하러 갔던 걸세.』
　『그래서 자네가 얻은 결론이 뭔가?』
　『멸망치고는 기가 막히게 찬란하더군.』
　경제학자는 음성을 죽여가며 말했다.

55. 맹 물

A drunk shambled into a bar and bet the barman that he could tell the ingredients in any drink the barman cared to mix. The barman stooped behind the bar and emptied into one glass the remains of several drinks-a Martini, a Scotch and soda, brandy, a rum punch, etc. The drunk sipped the drink, and one after the other, correctly named the contents. He offered to do it again, and this time the barman filled the glass with water.

The drunk tasted it, thought reflectively, tasted it again and then announced : "I don't know what it is, but it won't sell ! "

비틀거리면서 바에 들어선 주정뱅이는 바텐더에게 어떤 술을 섞어서 내놓더라도 그 속에 들어간 술의 종류를 알아맞힐 수 있다고 장담했다.

바텐더는 바 뒤쪽으로 엎드리더니 남아 있던 술 몇 가지를 한 글라스에 따랐다. 그 속에는 마티니, 스카치 앤드 소다, 브랜디, 럼 펀치 등이 들어갔다. 그 술을 홀짝거리던 주정뱅이는 정확하게 그 내용물을 하나씩 열거했다. 그러고는 한번 더 해보자는 것이었다. 이번에는 맹물을 내놓았다. 주정뱅이는 그것을 맛보고는 갸우뚱하더니 한 번 더 맛보고 나서 말했다. 『뭔지 알 수 없지만 이래가지고는 안 팔리겠는걸요.』

56. 성교육 세대

A precocious seven-year-old asked her mother for a baby brother. Her mother was taken aback by the request but said in a soothing tone, "I'm afraid that just isn't possible, darling. Babies cost a great deal of money, and Daddy and I just can't afford one right now."

"Mammy," said her daughter in a most exasperated tone, "women don't buy babies. I think you and I should have a little talk!"

▶ precocious : 조숙한, 숙성한
▶ be taken aback : 깜짝 놀라다, 당황하다
▶ in a soothing tone : 달래는 투로

조숙한 일곱 살짜리 딸아이가 남자동생을 가지게 해달라고 엄마에게 졸랐다.

어머니는 사뭇 당황하면서 어린것을 달랬다. 『그건 안 될 이야기야. 아기를 가지려면 돈이 무척 많이 드는데, 아빠랑 엄마랑 지금 형편으로는 도저히 그런 돈을 감당할 수가 없단다.』

그러자 딸아이는 버럭 성을 내면서 말했다. 『엄마, 아기는 돈을 주고 사오는 게 아니란 말야. 엄마, 나하고 이야기 좀 해야겠어.』

57. 내 조

A man went into a barbershop and decided to have a manicure while the barber shaved him.

"How about going out tonight, baby?"

"I'm sorry, but I couldn't," replied the manicurist. "You see, I'm married."

"Don't worry about it. Just phone your husband and tell him you have to work late tonight."

"Why don't you tell him yourself?" asked the manicurist. "After all, he's shaving you."

▶ baby : (미국구어)젊은 여자, 아내, 애인

이발하러 온 손님은 면도를 하면서 매니큐어도 함께 하기로 했다.

『이봐요 아가씨, 오늘밤에 데이트합시다.』

『죄송하지만 그럴 수는 없어요. 저는 결혼한 몸인걸요.』 매니큐어를 해주는 여자가 말했다.

『그거야 문제될 것 없잖우. 남편한테 전화해서 밤늦게까지 일을 해야 한다고 알리면 될 것 아니냐구.』

『손님께서 직접 이야기해보시죠. 지금 면도해드리고 있는 분이 바로 저의 남편인걸요.』

58. 근본 원인

"And what was the original cause of their divorce?"
"Their marriage, I believe."

『그 사람들 이혼하게 된 애당초 원인이 뭐지?』
『그야 결혼 했기 때문이지 뭐.』

59. 사　랑

A loving young couple were taking a romantic canoe ride out on the lake when suddenly a squall hit. The young man was terrified by the intensity of the wind and rain — so terrified that he began to pray.

"O Lord, save us, and I'll give up smoking. I'll give up drinking. I'll give up gambling. I'll even give up···."

Just then his companion cried, "Hold it, Reggie, don't give up anything else — I think the storm is breaking."

서로 사랑하는 젊은 한 쌍이 호수 위에 보트를 띄워놓고 로맨스를 즐기고 있었는데 갑자기 돌풍이 불어왔다. 폭풍우가 하도 무섭게 몰아치자 겁에 질린 청년은 기도를 하기 시작했다.

『오 주여, 제발 살려주십시오. 그러면 담배를 끊겠습니다. 술도 끊겠습니다. 도박도 끊겠습니다. 그리고 심지어는….』

바로 이때 아가씨가 소리질렀다.

『잠깐요. 이제 더 이상 포기할 것 없어요. 폭풍우가 잠잠해지는 것 같아요.』

60. 방 해

The young married couple had moved into an apartment next to a sexy fashion model. Whenever the husband went over to borrow something it took him much longer than his wife thought it should. On one especially extended trip, his wife lost all patience and pounded several times on the wall between the two apartments. Receiving no answer, she called the model on the phone.

"I would like to know," the wife said huffily, "why it takes my husband so long to get something over there."

"Well," replied the model coolly, "these interruptions certainly aren't helping any."

▶ lose all patience : 완전히 참을성을 잃다. 도저히 더 이상 참을 수 없

는 지경에 이르다
▶ extended trip : 오래 지체하는 방문
▶ huffily : 화가 나서, 골을 내면서

아파트에 입주한 젊은 부부는 섹시한 패션모델과 이웃해서 살게 되었다. 남편은 이웃집으로 물건을 빌리러 갈 적마다 필요 이상으로 오래 지체하는 것 같았다. 그러던 어느 날 또다시 이웃집에 간 남편은 유별나게 오래 지체했다. 부인은 참다못해 두 집 사이의 벽을 몇 번인가 두들겼다. 아무런 반응이 없자 이번엔 모델아가씨에게 전화를 걸어 화를 냈다.

『우리 남편이 뭔가를 얻어 온다며 그리고 갔는데 어째서 이다지도 오래 걸리는 거죠?』

모델아가씨는 쌀쌀맞게 대답했다. 『글쎄요. 자꾸만 이러시면 빨라질 수가 없죠.』

61. 웹스터

Alexander H. Stuart and Daniel Webster were both members of President Fillmore's cabinet. One day, on coming home Stuart found in his hall a brace of ducks with Mr. Webster's name on them. Knowing they were left by mistake, he told his coachman to take them to Webster's house and tell him the facts.

In time the coachman returned with the ducks.

"Well, sir," said the coachman, "Mr. Webster told me to take the ducks back to you and thank you for being more honest than he is, for your ducks, which were left at his house by mistake, are already on the fire."

▶ Daniel Webster : 미국의 정치가, 법률가. 멕시코전쟁과 텍사스합병에 반대했고 노예제도를 공격한 인물로서 국무장관, 상원의원을 역임했다. (1782~1852)

▶ brace : (구어)한 쌍

▶ in time : 때가 되어, 적시에(이 경우에는, 다녀오는 데에 필요한 만큼의 시간이 경과한 때를 말한다)

알렉산더 스튜어트와 대니얼 웹스터는 둘다 필모어 대통령의 각료였다. 어느 날 집에 돌아온 스튜어트 장관은 오리 한 쌍이 배달되어 온 것을 발견했는데 그것은 웹스터 장관 앞으로 보낸다는 쪽지가 붙어 있었다. 잘못 배달되었음을 깨달은 스튜어트는 마부를 불러 오리를 웹스터 장관댁으로 배달케 했다.

얼마 후 마부는 오리를 들고 다시 나타나서 알렸다.

『장관님, 웹스터 선생께서는 이것을 도로 가지고 가라면서 자기보다도 정직한 장관님께 고맙다는 뜻을 전해달라고 하셨습니다. 장관님한테로 보내는 오리가 그 집으로 잘못 배달되었는데 벌써 그것은 불 위에 얹어 조리하고 있는 중이라시면서요.』

62. 기념품(Ⅰ)

The recently wed movie idol received a note in girlish handwriting, which said, "You probably won't remember me, but I was the tall redheaded bride down the hall from you at the honeymoon villa. On my last afternoon there, while your wife was at the beauty salon, I left in your bedroom a pair of pink lace panties, bikini style, size six. Sir, would you be so kind as to mail them back to me?"

The actor wrote back : "Madame, I believe I have your panties, and would be pleased to return them, but you left out one important item…the trade mark."

▶ movie idol : 영화에서 우상적 인기를 누리는 배우

우상적인 인기를 독차지하고 있는 영화배우가 신혼 여행에서 돌아온 후 여자 필적의 편지 한 통을 받았다. 『아마 저를 기억하시지 못할 것입니다. 저는 허니문 빌라에서 당신네하고 같은 층에 투숙했던 키큰 빨간 머리의 신부입니다. 거기에 머무르고 있었던 마지막 날 오후, 당신 부인이 미장원으로 가고 없었을 때에 저는 사이즈 6의 비키니스타일, 핑크색 팬티를 당신 침실에 두고 나왔습니다. 저의 팬티를 우편으로 보내주는 친절을 베풀어주실 수 없을는지요?』

배우로부터 회신이 왔다.

『부인, 댁의 팬티는 내가 가지고 있는 것으로 보이며 기꺼이 보내드릴 생각입니다. 한데 가장 중요한 점을 언급하지 않으셨군요. 상표말입니다.』

63. 노익장

An old storekeeper had retired at the age of 89 and soon married a sensual young thing with whom he could while away his retirement. He declared to his doctor that he wanted to have a son as soon as he could.

The doctor, considering the situation, said, "Sir, if you want a child, I think the first thing you ought to do is find a young boarder to move in with your wife."

Two months later, the doctor ran into the old man and asked how things were going. "Well, you were right!" he remarked. "I found a boarder and my wife was pregnant a month later." As the doctor smiled knowingly to himself, the old man added, "and so is the boarder!"

89세가 돼서 은퇴한 상점경영자는 얼마 후 여생을 함께 지낼 요염한 젊은 아가씨와 결혼했다. 영감님은 단골의사에게 되도록 빠른 시일 안에 아들을 가졌으면 좋겠다고 말했다.

영감님의 사정을 고려해서 의사는 『어린아이를 가지고 싶으시다면 우선 젊은 사람을 하숙시켜 부인과 함께 지내게 해야 할 것 같네요』 하고 말했다.

그로부터 두 달 후 영감님하고 마주친 의사는 일이 어떻게 돼가느냐고 물었다.

『의사양반 좋은 충고해줬어요. 시키는 대로 하숙할 사람을 구해서 넣었는데 한 달 후에 마누라가 임신했어요.』

의사는 잘 알겠다는 듯이 미소지었는데 영감님은 이야기를 계속했다.

『그리고 하숙생도 임신하고 말입니다.』

64. 개 화

"As I understand it," said the heathen, "you propose to civilize me."

"Exactly."

"You want to get me out of the habit of idleness and teach me to work."

"That is the idea."

"And then lead me to simplify my methods and invent things to make my work lighter."

"Yes."

"And after that I'll become ambitious to get rich so that I won't have to work at all."

"Naturally."

"Well, what's the use of going through all that? I don't have to work now."

▶ heathen : 미개인

▶ get out of the habit of : ~의 습성에서 벗어나다
▶ What is the use of~ ing ? : ~할 필요가 어디 있는가

『나를 문화인으로 만들어주시겠다, 그런 말씀이시죠.』 미개인이 말했다.

『그렇소이다.』

『게으름뱅이 습성에서 벗어나서 일을 하도록 가르치겠다는 거죠.』

『그럴 생각입니다.』

『그러고는 내가 사용하고 있는 방식을 간단한 것으로 바꾸고 일하기가 수월해지는 물건을 발명하도록 이끌어주시겠다는 거구요.』

『그렇습죠.』

『그런데 그 경지에 이르면 일을 전혀 하지 않고서도 지낼 정도로 부자가 돼야겠다는 야심이 생긴단 말이죠.』

『물론입죠.』

『아니 그렇다면 그토록 번거로운 절차를 밟을 필요가 어디 있어요. 지금도 일하지 않고 지내고 있는 판인데 !』

65. 세 동업자

One day Dick's wife had to leave the town to visit her sick mother. It turned out that the mother was really in bad shape, and the wife stayed on and on, until Dick had been without it about as long as he could go, so he called Harry, one of his partners, and asked if he could borrow a piece of Harry's wife, which he would repay later with a piece of his own.

Harry was so mad he hung up the phone, and immediately called Jack, another partner, and told him about it.

Jack said, "Good grief, man, you should have taken him upon it. His wife's three times as good as yours!"

어느 날 딕의 부인은 병환 중인 어머니 문병차 친정으로 갔다. 정작 가보니 어머니는 중태여서 딸은 마냥 머물러 있어야 했다. 이 때문에 더 이상 참을 수 없는 지경에 이른 딕은 동업자인 해리에게 전화를 걸어 나중에 자기부인으로 보상할 터이니 우선 그의 부인을 빌려달라고 했다.

해리는 너무도 화가 나서 전화를 끊어버리고는 당장에 또 한사람의 동업자인 잭을 불러 이 사실을 털어놓았다.

그랬더니 잭이 한다는 소리—『맙소사. 그렇게 해야

하는건데 그랬어. 그 친구 마누라 자네 마누라보다 세
배나 낫다구！』

66. 펑 펑

The man trying to buy a brassiere for his
wife didn't realize it was necessary to know
the size, but the friendly salesgirl tried to help
him out of his difficulty.

"How about the size of a grapefruit?" she
asked.

"No. smaller," replied the customer.

"About like oranges?" asked the saleslady.

"No. smaller," he answered.

"Then how about eggs?" suggested the
clerk.

"Yeah, right," said the man. "Fried."

부인에게 줄 브래지어를 사러 나온 남편은 물건 사
이즈를 알아가지고 와야 한다는 사실을 깨닫지
못했다.

그러나 판매원 아가씨는 상냥하게 그를 도와주려 했다.

『자몽 만큼 되나요？』 하고 아가씨가 물었다.

『아뇨, 그보다는 작아요.』

『그럼 오렌지 만한가요？』

『그보다도 작고요.』

『그럼 달걀 정도？』

『그래요 맞았어요. 프라이된 걸로 말입니다.』

67. 병과 약

> "Has putting in that lunch counter helped your business?" asked Jones of the druggist.
>
> "Well, it has about tripled the sale of digestive tablets," he replied.

『간이식당까지 겸하고 나서 장사가 나아졌어요?』 하고 존즈가 약방주인에게 물었다.

『글쎄올시다. 소화제 매상은 3배 가량 늘어났어요.』

68. 촌 부

> A farm wife was being interviewed by a social scientist, intent on filling out one of those surveys. The interviewer was determined to learn how the subject spent the day. Patiently the farm wife detailed her duties, from the rising hour of five-thirty, through the cooking, babytending, cleaning, washing, ironing, mending, farm accounts, gardening.
>
> "Yes, yes," said the interviewer, a trifle impatiently, "but your free time. What do you do with your free time?"
>
> The woman considered the question a moment, then replied : "I go to the toilet."

▶ fill out : (문서 따위에)기입하다
▶ subject : 조사대상자
▶ a trifle : 조금, 약간

질문서를 들고 나온 사회학자는 거기에 기재할 사항을 알아내기로 작정하고 농장아낙네와 인터뷰를 했다. 그는 농장주부가 어떻게 하루를 보내는지 알고 싶었다. 여자는 다섯시에 일어나서 식사준비를 하고, 어린아이를 돌보며, 청소, 세탁, 다리미질, 바느질, 농장회계, 정원일 등 자기가 하는 일을 자세히 열거했다.

　『알겠어요, 알겠어요. 한데 자유시간이 있을 것 아닙니까? 그런 때엔 뭘 합니까?』하며 그는 적이 짜증스럽게 물었다. 그러자 여자는 잠시 생각하더니 대답했다. 『변소에 갑니다.』

69. 정신감정

A father decided his small son was a little off the beam. He took him to a psychiatrist who asked the boy a few questions.

"How many wheels does an auto have?"

"Four."

"What is it a cow has four of that a woman has two of?"

"Legs."

"What does your father have that your mother likes most?"

"Money."

The psychiatrist turned to the father and said, "This boy is smart."

The father said, "I guess so. I missed the last two questions myself."

아버지는 아들아이가 좀 이상하다고 생각하고 정신과 의사한테로 데리고 갔다. 의사는 꼬마녀석에게 이것저것 물어봤다.

『자동차엔 바퀴가 몇 있지?』

『넷요.』

『암소에겐 넷이 있고 여자에겐 둘 있는 건?』

『다리요.』

『아빠가 가진 것 중에서 엄마가 제일 좋아하는 건?』

『돈요.』

의사는 아버지를 보고 말했다. 『꽤 똑똑합니다.』
『그렇군요. 마지막 두 문제는 나도 틀렸는걸요.』

70. 도 둑

After they were married the young couple went to Niagara Falls for their honeymoon. As they rode there by train they passed through a long dark tunnel. After several minutes had elapsed the train came out into daylight again. It was then that the young man turned to his bride, saying :

"My Darling, I wish I'd known we would be so long in that black tunnel. I'd have done something awfully sweet."

"Oh, my God !" cried the girl. "Then if you didn't who did ?"

▶ elapse : (시간이) 경과하다

결혼한 젊은 한 쌍은 신혼여행차 나이아가라로 향했다. 그들을 태운 기차는 긴 터널 속으로 들어갔다. 한참만에 기차가 다시 밝은 데로 나오자 신랑이 말했다. 『그렇게 오랫동안 캄캄한 곳에 있을 줄 알았으면 한바탕 기분내는 건데 그랬어.』 이 소리에 신부가 깜짝 놀랐다.

『맙소사, 아니 그럼 그게 당신이 아니었어요?』

71. 인구팽창

Two demographic scientists were preparing a paper on the population explosion. One of them announced grimly, "If only we could get the underdeveloped nations to use birth control devices, we could then keep things under control. At the rate the population is increasing now, there will be standing room only on the earth."

"In that case," his colleague answered facetiously, "the birth rate should stop increasing pretty quickly!"

▶ demographic scientist : 인구학자
▶ keep things under control : 사태를 장악(수습)하다
▶ standing room : 서 있을 만한 여지
▶ facetiously : 익살맞게

인구폭발문제에 관한 보고서를 작성하던 두 인구학자 가운데 한 명이 침통해하면서 말했다. 『후진국에서 피임방식을 사용해주기만 한다면 사태를 수습할 수 있을 것 같은데…. 이대로 나가다간 온통 서서 지내야 할 판이 될 거라구요.』

『그 지경이 된다면 산아율은 급속도로 떨어질 텐데요.』 그의 동료가 익살을 떨었다.

72. 학부모

Two mothers were sharing their woes over the backyard fence. One said, "It's so upsetting. My son at college is always writing home for money, and I worry about what he does with it."

The other mom wailed, "With me, it's worse. My daughter at college never asks for money and I wonder where she's getting it."

▶ share woes : 서로 고충을 털어놓다
▶ upsetting : 당황케 하는
▶ wail : 통탄하다

두 어머니가 담너머로 서로 고충을 털어놓고 있었다. 『이거 정말 야단입니다. 대학 다니는 우리집 녀석은 뭘 하는데 쓰는지 노상 돈달라는 편지만 보내와서 걱정입니다.』 이렇게 한 어머니가 말하자 상대편 어머니도 한탄하면서 이야기했다. 『그 정도라면 걱정을 않겠어요. 대학에 가 있는 우리 딸 아이는 돈달라는 소리를 전혀 하지 않으니 도대체 어디서 돈이 생기는 건지 알다가도 모르겠어요.』

73. 포식과 애정

Two amateur psychologists were arguing. Said the first,

"I've found it's usually only those people who are disappointed in love that are compulsive eaters."

"Oh, yeah? Then how come there are so many fat Sultans?"

▶ amateur psychologist : 아마추어 심리학자
▶ compulsive eater : 식욕을 자제하지 못하고 포식하는 사람
▶ Sultan : 회교국의 추장(여자를 많이 거느리고 있는 것으로 정평이 나 있다)
▶ How come? : Why?

두 아마추어 심리학자가 논쟁을 벌였다. 그 중 한 사람이 말했다.

『내가 알아본 바로는 일반적으로 애정관계에서 실패한 사람들이 먹을 것에만 온 정신을 파는 포식가인 것 같아요.』

『그래요? 그렇다면 회교추장들 중에 뚱보가 많은 사실에 대해서는 어떻게 설명해야죠?』

74. 유머감각

Three Americans were discussing humor and they agreed that an Englishman had no sense of humor. At that moment an English friend of theirs came up, and one of the Americans decided then and there to test their conclusion.

He told the Englishman a story. The Americans laughed : the Englishman did not.

"Brace up, old man," said one of the Americans.

"You'll get the point of it and laugh next summer."

"No, I think not," said the Englishman.
"Why not?"

"Because I laughed at that one last summer."

미국사람 세 명이 유머에 관해서 토론했는데 결국 영국사람들이 유머 감각이 둔하다는 점에 대해 의견을 같이하게 되었다. 바로 그때 영국인 친구 한 사람이 나타났다. 미국인 한 사람은 그들이 얻은 결론을 당장에 실험해봐야겠다고 마음먹고 영국인에게 에피소드 한 토막을 들려줬다. 미국사람은 모두가 껄껄대며 웃었으나 영국인은 담담했다.

『이 친구야, 실망할 것 없어. 여름철까지는 무슨 소리인지 알아듣고 웃음이 나올 걸세.』 미국친구 한 사람이 말했다.
『천만에.』
『천만에라니 ?』
『난 지난 여름에 이미 웃어버렸다네.』

75. 보험금 지불

I have a distant cousin in the insurance business who once engaged in a very hot debate with a rival agent on the merits of their respective companies.

The rival declared, "There is no company like ours for prompt payment. If one of our clients dies on Monday, the heirs have our check in full by Tuesday morning."

My cousin was visibly unimpressed.

"Our head office," he declared, "is located on the 45th floor of the Empire State Building. One morning last week a client jumped out of a window on the 70th floor. We handed him his check as he passed our floor."

우리 집안에는 보험회사에 다니는 먼 친척이 있는데 그는 회사자랑을 하다가 라이벌회사 사람하고 격론을 벌인 일이 있었다.

라이벌회사 사람은 말하기를 『우리 회사처럼 지불이 좋은 데는 없다구요. 우리는 고객이 월요일에 죽으면 화요일 아침엔 보험금 전액을 유족하게 지불한단 말입니다』라고 했다.

우리 친척되는 사람은 조금도 놀랄 바가 못된다는 표정을 노골적으로 지으면서 이렇게 말했다.

『우리 본사는 엠파이어 스테이트 빌딩의 45층에 있습니다. 그런데 지난주엔 70층에 있는 고객이 창문으로 뛰어내렸어요. 우리가 어떡했는지 아시겠어요? 45층을 지나갈 때 보험금수표를 건네줬다구요.』

76. 증오심

The preacher was holding forth against the sin of hatred. At the close of his exhortation, he asked any members of his congregation who had succeeded in conquering hatred to stand up.

Only one man got to his feet, 104-year-old Uncle Beaureguard.

"You don't hate anybody, Uncle Bo?"

"No, sir."

"That's wonderful, Uncle Bo. Tell us why that is."

"Well, all of them skunks who done me dirt, all of them blankety-blanks I hated — they're all dead!"

▶ hold forth : 떠벌이다

목사님은 미움의 죄악에 관해서 설교했다. 한참 설교하고 나서 그는 그 자리에 나온 사람들을 보고 증오심을 극복한 사람은 일어서보라고 했다.

단 한 사람이 일어났다. 104살된 보러가드 아저씨였다.

『영감님은 아무도 미워하지 않으신단 말씀이죠?』

『그렇답니다.』

『거참 놀라운 일입니다. 어떻게 해서 그렇게 됐는지 말씀 좀 해주시죠.』

『나한테 못된 짓하던 고얀 놈들, 내가 미워하던 바보 놈들 모조리 죽어버리고 없어요.』

77. 확대지향

A conversation between two old men sitting on a bench in the park.

"What would you do if you were a millionaire?"

"I would die."

"Why?"

"I am a billionaire."

공원 벤치에 앉은 두 노인의 대화.

『백만장자가 된다면 어떡하시겠어요?』

『죽어버려야죠.』

『어째서요?』

『난 억만장자랍니다.』

78. 좁은 세상

Two gentlemen who were speaking acquaintances chanced to play a game of golf together one day. Shortly, they found themselves suddenly bottlenecked by two women who were playing the hole just ahead of them. They waited and waited, but the women just didn't seem to move. The two men were disgusted, and finally, one said to the other : "I'm going down there and ask those women if we can play through as soon as they finish this hole."

"Splendid idea," his acquaintance replied.

So the gentleman walked down the fairway. But soon his acquaintance saw him coming back, before he had reached the women.

"Why didn't you tell them ? " asked the gentleman who had waited.

"My Goodness," said the other, "when I got close enough, I saw that one of the women was my wife, and the other was my mistress ! "

서로 아는 사이인 두 신사가 어느 날 우연히 골프장에서 한 조가 되었다. 얼마 동안 치다보니 앞에서 지체하고 있는 두 여자 때문에 더 이상 나갈 수 없게 되었다. 두 사람은 넌더리가 났다. 마침내 한 사람이 『내가 가서 이 홀이 끝나는 대로 우리가 먼저 지나가게 해달라고 해야겠어요』라고 했다.

『좋은 생각입니다.』

그래서 그는 페어웨이를 걸어 내려갔다. 그런데 좀 가다 말고 되돌아오는 것이 아닌가.

『어째서 이야기도 걸어보지 않고 돌아옵니까?』

『이럴 수가! 가까이 가서 보니 한 여자는 우리 마누라요 또 한 여자는 내 정부지 뭡니까!』

79. 천만다행

Upset because her husband never listened to her anymore, Hortense decided to shake him up a little. That night, he came home and asked absentmindedly, "How was your day?"

Hortense sobbed, "Oh, it was awful, just terrible. Sixteen young hoodlums broke into the house, tied me to the bed, and one by one they raped me."

The husband said, "Ummm," and started to unfold his paper. Hortense screamed, "Ted, don't you think that's horrible? I was raped by sixteen thugs, one after the other!"

Ted smiled and replied, "Oh, it could have been worse. They could have all done it at the same time!"

▶ upset : 역정을 내게 하다
▶ shake up : 각성시키다, 오싹하게 하다
▶ absentmindedly : 무심결에
▶ hoodlum : (미국 속어)깡패
▶ awful : terrible : horrible : 끔찍한
▶ thug : 폭력배

자기가 하는 말에 남편이 전혀 귀를 기울이지 않게 되자 짜증이 난 부인은 좀 정신을 차리게 해줘야겠다고 마음먹었다. 그날 밤 집에 돌아온 남편은 무심결에 물었다. 『어떻게 하루를 보냈소?』

부인은 흐느끼면서 말했다.

『끔찍했다구요, 끔찍해. 젊은 깡패녀석들 열여섯이 집으로 쳐들어와서 나를 침대에 묶어놓고는 하나씩 돌아가면서 덥치더라구요.』

남편은 「음」 하는 소리와 함께 신문을 펼치기 시작했다.

부인은 버럭 소리를 질렀다.

『아니 여보, 내 이야기가 끔찍하질 않아요? 깡패 열여섯이 차례로 나를 강간했는데요.』

남편은 빙긋이 웃으면서 말했다.

『아니 그보다 더한 일도 있을 수 있잖우. 그 녀석들 모두가 한꺼번에 덤벼들 수도 있었을 것 아니냐구.』

80. 왕창세일

Fanny Brice displayed her perspicacity at a tender age when she was helping out in her aunt's candy store. Her aunt had stocked up heavily on peppermint sticks, but though the price seemed right(a penny a stick) the neighborhood kids weren't having any.

The ten-year-old Fanny borrowed a hammer, broke the sticks in twelve pieces each, and put a hand-made sign in the window : "Big bargain today only! A dozen pieces of peppermint for a cent."

The entire stock was cleaned out in three hours.

패니 브라이스는 어렸을 때 숙모네 캔디가게에서 일을 봐주면서 총기를 발휘했다. 숙모님은 박하사탕을 잔뜩 장만해놓았다. 그런데 값이 비싼 것도 아닌데도(한 개에 1페니) 동네아이들은 전혀 거들떠보지를 않았다.

열살난 패니는 망치를 빌려다가 박하사탕 하나를 열두 조각으로 갈라놓고 가게 창문에 다음과 같이 써붙였다.

『오늘 하루만 왕창세일! 박하사탕 열두 개에 1센트』

가게 안에 쌓였던 박하사탕은 세 시간 안에 동이 났다.

81. 명 의

A man went to the psychiatrist and said, "Every night when I get into bed I have the conviction there is someone under the bed. I get up, and there's never anyone there. When I get under the bed, then I get the idea there is someone on top of the bed. And then there is never anyone on top of it. So it goes all night long — either someone under the bed, or on top of the bed, depending on where I am. It's driving me out of my mind."

The psychiatrist thought he could help the man if the patient would agree to two visits a week at $20 per visit, for a two-year period.

"That is an awful lot of money for a man of my means," said the patient, "I'll have to talk it over with my wife and let you know."

The next week the patient phoned the psychiatrist and told him that his wife had solved his problem. "My wife," explained the patient, "simply cut off the legs of the bed."

▶ conviction : 신념, 확신
▶ drive one out of one's mind : 미치게 하다
▶ an awful lot of money : a lot of money(많은 돈)를 강조한 것

『매일밤 잠자리에 들기만 하면 누군가가 침대 밑에 있다는 생각에 사로잡힙니다. 그래서 일어나보면 아무도 없어요. 침대 밑에 들어가서 자려 들면 누군가가 침대 위에 있다는 생각에 사로잡힙니다. 그런데 일어나면 침대 위엔 아무도 없어요. 이런 식으로 내가 어디에 있는가에 따라 침대 아래가 아니면 침대 위에 누군가가 있다는 생각에 밤새 시달리게 되는데 이거 정말 미칠 것 같습니다.』

정신과의사를 찾아온 사람이 하소연했다.

의사는 매주 두 차례씩 2년 동안 계속해서 찾아와준다면 고쳐줄 수 있겠다면서 1회 치료비는 20달러라고 했다.

『내 수입으로는 도저히 감당할 수 없는 돈입니다. 아내하고 의논하고 나서 알려드리겠습니다.』

다음 주에 전화를 걸어온 환자는 그의 부인이 문제를 해결해줬다고 했다. 『우리 집사람이 다짜고짜 침대다리를 잘라버렸습니다.』

82. 앵무새

Charlie Smith, although wealthy, was always too busy to be with his family. His excuse was that he had to keep on making more money.

One day his wife's pet parrot died and she bought another one, although the pet-store man told her it was from a tough gambling joint that had been closed down. The bird was likely to say anything, coming from a place where there were booze and girls and bums.

"It's all right," said the wife, "I'll retrain him."

She brought the bird home, and upon arrival found to her suprise that her husband was already home. She carried the caged bird into the house, and with her husband and daughters looking on, she took the cover off the cage.

The parrot looked around, blinked, and said, "Well, new joint, new madam, new girls. Same old customers. Hello, Charlie!"

▶ keep on : 계속해서 ~를 하다.

▶ pet parrot : 애완용 앵무새

▶ joint : 무허가 술집, 노름집

▶ booze : 술
▶ bum : 건달

찰리 스미스는 부자였으나 항상 너무 분주해서 식구들과 함께 지낼 시간이 없었다. 돈을 더 벌어들여야 한다는 것이 입버릇이 되어버린 핑계였다.

어느 날 부인은 집에서 키우던 앵무새가 죽자 새로 한 마리를 샀다. 애완동물가게 주인은 그 앵무새가 문을 닫게 된 험한 도박장에 있었던 앵무새라서 술과 여자와 건달들이 있는 분위기에서 배운 별의별 소리를 다 지껄일 수 있다고 타일렀으나 부인은 그 앵무새를 고집하면서 『괜찮아요. 내가 다시 길들이죠』라고 했다.

집에 와보니 뜻밖에도 남편이 벌써 와 있었다. 새장에 든 앵무새를 집 안으로 가지고 들어온 부인은 남편과 딸이 지켜보는 가운데 새장을 덮고 있던 커버를 벗겼다. 앵무새는 두리번거리다가 눈을 깜빡이고는 입을 열었다.

『이런! 새 장소, 새 마담, 새 여자들에 손님들은 그대로로군. 안녕하쇼, 찰리.』

83. 20만 번

Mrs. Kelly, having presented the world and her husband with triplets, was resting comfortably at the hospital when her friend, Mrs. O'Reilly, came to call.

"Triplets!" exclaimed Mrs. O'Reilly. "Believe me it's a wonderful thing, havin' one's family all at once — instead of one at a time like common folks."

"Yes, that it is, that it is, Mrs. O'Reilly," beamed the proud mother. "You know the doctor says it happens only once in two hundred thousand times."

Mrs. O'Reilly, visibly impressd, shook her head and said, "Good God! Is that a fact now? If I'm not bein' overcurious, Mrs. Kelly, WHEN did you find time to do the house-work?"

▶ come to call : 내방하다
▶ triplets : 세쌍둥이
▶ believe me : 정말이다
▶ Good God! : 강한 감정 또는 놀라움을 나타내는 감탄구
▶ overcurious : 꼬치꼬치 캐묻는

세 쌍둥이를 분만하여 세상 사람들과 남편을 놀라게 한 켈리부인은 병원에서 편히 쉬고 있었는데 친지인 오레일리부인이 나타났다.

『세 쌍둥이라지요. 여느 사람들처럼 한번에 하나씩이 아니라 한꺼번에 온 식구를 몽땅 거느리게 되었으니 이렇게 경사스런 일이 또 어디 있담.』

『그럼요. 그렇구말구요, 오레일리 부인. 의사선생께서 그러시는데 이런 일은 20만 번에 겨우 한 번 있는 일이라는군요.』

산모는 의기양양해서 미소를 지으면서 말했다.

이 소리를 듣자 오레일리부인은 아연 감동하여 고개를 저으면서 말했다.

『어머나. 그럼 그게 사실로 입증된 게로군요. 이거 너무 꼬치꼬치 캐묻는 것 같은데 그럼 집안일은 언제보셨죠?』

84. 도박꾼

A corporal reported to a new regiment with a letter from his old captain, saying, "This man will be a great soldier if you can cure him of his gambling."

The new C. O. looked at him sternly and said, "I hear you're an inveterate gambler. I don't approve it. It's bad for discipline. What kind of thing do you bet on?"

"Practically anything, sir," said the corporal. "If you'd like, I'll bet you my next month's pay that you've got a strawberry birthmark under your right arm."

The C. O. stripped to the waist, proved conclusively he had no birthmark.

He couldn't wait to phone the captain and exult, "That corporal of yours won't be in such a hurry to make a bet after what I just did to him."

"Don't be too sure," said the captain. "He wagered me two hundred dollars he'd get you to take your shirt off five minutes after he reported."

▶ C. O. : commanding officer : 지휘관, 부대장
▶ inveterate : 상습적인

▶ strawberry birthmark : 붉은 점
▶ prove conclusively : 결정적으로 증명하다
▶ wager : 걸다

새 연대로 전속된 병장은 전입신고를 하면서 전부대의 대위가 적어준 것을 내놓았는데 그 내용인즉 『이 자는 도박벽을 고쳐주기만 한다면 훌륭한 군인이 될 수 있다』는 것이었다.

새 지휘관은 무서운 눈초리로 그를 바라보면서 말했다.『자네 도박광이라는데 난 그런 짓 용서 못해. 그건 군기를 해치는 행위야. 어떤 종류의 도박을 하나?』

『사실상 무엇에든지 다 겁니다. 좋으시다면 내달봉급을 걸고 하는 말인데 중대장님 오른팔 아래엔 붉은 점이 있습니다.』

중대장은 웃통을 홀랑 벗어버리고 아무 점도 없다는 것을 증명해보였다. 그러고는 의기양양해서 이전 중대장에게 전화를 걸었다. 『자네가 보낸 병장 말야, 나한테 한바탕 당했으니 이제 함부로 도박하려 들지 않을 걸세.』

『장담 말게. 그 녀석 자네한테 신고하고 나서 5분 안에 웃통을 벗게 하겠다면서 200달러를 걸고 갔다네.』

85. 멋쟁이 클럽

There's the story about a swank club for men. One night a dignified member walked in and was shocked when he saw women there for the first time.

"What happened?" he asked the club owner.

"We've decided to let members bring their wives in for dinner and dancing once a month," was the reply.

"But that's not fair," complained the member.

"I'm not married. Could I bring my girl friend?"

The owner thought for a minute and replied slowly : "I think it might be all right, provided she's the wife of a member!"

▶ swank : 호화로운, 멋진
▶ dignified : 위엄 있는, 점잖은
▶ provided : 만일 ∼이라면

멋쟁이 남성클럽 이야기 한 토막.
어느 날 밤 클럽에 나타난 점잖은 회원은 여자들
이 와있는 것을 보고 감짝 놀랐는데 그것은 전에 없던

일이었다.

『이거 웬일이오?』 하고 그는 클럽주인에게 물었다.

『한 달에 한 번씩 회원들에게 부인을 데리고 와서 식사하며 춤추는 것을 허용하기로 했습니다.』

『하지만 그건 불공평한 이야기가 아니오. 난 결혼을 하지도 않았는데…. 내 경우 걸프렌드를 데리고 와도 되겠군?』 그는 불평을 하면서 물었다.

주인은 잠시 생각하더니 천천히 대답했다. 『그래도 되지 않을까 싶군요. 걸프렌드가 우리 회원의 아내되는 분이라면 말입니다.』

86. 신경안정제

After a routine examination, the patient asked the physician to give her a prescription for birth control pills.

"But," reminded the doctor, "you don't need them any more. Don't you remember I performed a hysterectomy on you some months ago?"

"Please, doctor," she persisted, "I'd like another prescription for them—they make me sleep better."

"That's news to me. I never heard before that they induce sleep!"

"You miss the point, Dr. Stern. You see, I drop one into my daughter's orange juice every morning and then I sleep so much better!"

▶ routine examination : 정례적으로 실시하는 검진
▶ birth control pill : 피임용 내복약
▶ hysterectomy : 자궁절제수술

정 례적인 검진을 받고 난 환자는 의사에게 피임약을 처방해달라고 졸랐다.

『부인께서는 피임약이 필요 없습니다. 몇 달 전에 자

궁을 떼어내셨잖아요?』

『잠을 푹 자려면 그게 있어야 해서 그러니 제발 처방 좀 써주세요.』

『이건 미처 몰랐는데요. 피임약이 잠을 청한다는 소리는 금시초문입니다.』

『말귀를 못알아 듣는군요. 실은 매일 아침 딸아이 오렌지 주스에 피임약 한 알을 집어넣습니다. 그러고 나면 한결 편히 잠잘 수 있다는 이야기입니다.』

87. 휴가계획

> "Why is planning a vacation always easy for married man?"
>
> "Because his boss will tell him when and his wife will tell him where."

▶ boss : 왕초, (직장의)상사

『장가간 사람들을 보면 언제나 힘들이지 않고 휴가계획을 짜는데 그건 왜 그렇지?』

『그야 그 사람들의 경우 시기는 회사의 상사가 정해주고 행선지는 부인이 정해주기 때문 아닌가.』

88. 시나리오 개작

A chap had been complaining to an acquaintance in his office that he was having no luck finding attractive women to take out. His friend said, "Drive up late one afternoon to Westport, and wait at the station for the train to pull in. The wives will be waiting to drive their husbands home, and there are always one or two husbands who miss the train. Ask one of the girls for a date, and she'll be so mad at her husband for failing to appear that she'll be glad to accept." The very next day the man started driving to Westport. He was quite excited and impatient, and when he got to Stamford, he thought, "Why should I go any farther? There's a station here, and I'll try my luck." He walked over to one beautiful girl who was left over and asked her to have dinner with him, and she accepted at once. They dined and wined and danced, and went to her house. Just as matters were approaching a natural conclusion, the husband entered unexpectedly, "You rat," he bellowed, "I told you Westport, not Stamford."

▶ a woman to take out : 데이트상대가 될 여자

▶ pull in : (열차가)도착하다
▶ try one's luck : 되든 안 되든 운에 맡겨서 해보다
▶ rat : (속어)변절자, 비열한 인간

어떤 사내가 교제할 예쁜 여자가 걸려들지 않는다고 불평하자 그의 사무실동료가 귀띔했다.

『오후 느지막이 웨스트포트역에 가서 열차가 도착하기를 기다리게. 남편을 데리고 가려고 여자들이 차를 몰고 와서 기다리는데 항상 한두 집 남편은 나타나지 않게 마련이지. 그런 여자에게 데이트를 청하게. 남편이 나타나지 않아서 화가 난 김에 선뜻 응할 걸세.』

바로 이튿날 그는 웨스트포트로 차를 달렸다. 사뭇 들떠서 참을성을 잃은 그는 스탬포드에 이르자 이렇게 생각했다.『더 멀리 갈 필요가 있나? 바로 여기 역이 있는데 여기서 해봐도 될 것 아닌가?』

그는 짝이 나타나지 않은 예쁜 여자에게 다가가서 식사를 함께 하자고 청했다. 여자는 대번에 응했다. 두 사람은 먹고 마시고 춤추고 나서 여자집으로 갔다.

일이 당연히 가야 할 마지막 단계에 이르고 있을 때 남편이 불쑥 나타났다. 그의 입에서는 고함이 터져나왔다.『이런 쥐새끼 같으니라구. 웨스트포트로 가랬지 어디 스탬포드로 가랬나?』

89. 상 재

A reformer was inquiring into the treatment the law renders to big businessmen who become entangled with the law. One legislator he queried said that he was in favor of confining the punishment to extraordinarily heavy fine.

"Why no jail terms?" asked the reformer.

"Because the record shows," said the legislator, "that the last time some of these capitalists were sent to prison, they had the place in an uproar within three weeks. They had organized all the prisoners and the entire prison staff into the Consolidated Penalty Company, issued thousands of dollars in bonds paying 5 percent, paid the fines of all prisoners, mortgaged the jail and the courthouse, and when they were released had their pockets full of surplus funds of the company."

▶ become entangled with the law : 법에 저촉되다, 법망에 걸려들다
▶ in uproar : 몹시 떠들썩하여, 와자하여
▶ bond : 채권, 사채
▶ mortgage : 저당잡히다
▶ courthouse : 재판소, 법원

▶ surplus fund : 잉여자금

개혁을 부르짖는 사람이 법망에 걸려든 대기업가들에 대해 법률이 어떤 식으로 집행되고 있는가를 조사했다. 그가 만나본 입법부의 선량한 사람은 대기업가에 대한 형벌은 과중한 벌금형에 국한시키는 것이 좋겠다는 의견이었다.

『어째서 징역형은 안 된다는 겁니까?』하고 물었다.

『과거의 경험 때문입니다. 지난번에 기업가들을 감옥으로 보냈을 때의 기록을 보면 어떤 사람들은 3주 안에 그 교도소를 온통 북새통으로 만들어버렸어요. 죄수들과 교도소의 전직원들로 통합형벌회사를 차려놓고 수익률 5퍼센트짜리 사채를 대량으로 발행해서 모든 죄수들의 벌금을 치러주고 교도소와 법원을 저당잡혀버렸는데 그 사람들이 석방될 때 보니 회사가 벌어들인 돈을 무더기로 가지고 나가더라는 겁니다.』

90. 선교사의 기지

A resourceful missionary fell into the hands of a band of cannibals.

"Going to eat me, I take it," said the missionary. "You wouldn't like me."

He took out his pocket-knife, sliced a piece from the calf of his leg, and handed it to the chief.

"Try it and see for yourself," he urged.

The chief took one bite, grunted, and spat.

The missionary remained on the island fifty years. He had a cork leg.

▶ resourceful : 임시변통을 잘하는, 수완이 비상한
▶ cannibal : 식인종
▶ take it : (벌 따위를)받다, 견디다
▶ slice : 베다, 잘라내다
▶ calf : 장딴지

머리가 대단히 빨리 돌아가는 선교사가 식인종들에게 붙잡혔다.

『나를 먹고 싶으면 먹으시오. 한데 아무 맛도 없을 거라구요.』

선교사는 이렇게 말하면서 호주머니에서 칼을 꺼내더니 장딴지에서 살코기 한 점을 잘라내어 추장에게 건네줬다.

『어디 한번 맛좀 보시오』하며 선교사가 권했다. 추장은 그것을 한 입 먹어보더니 투덜대면서 뱉아냈다.

그로부터 50년 동안 이 선교사는 이 식인종섬에 체류했다. 그의 다리는 코르크로 만든 의족이었다.

91. 명 답(Ⅰ)

A bright young boy was taking a test but seemed to be stumped on the second question, which read :

"Give the number of tons of coal shipped out of the United States in any given year."

After a few minutes of thought the boy wrote : 32 A. D. —none."

▶ stump : 질문 따위로 곤란케 하다
▶ ship out : 반출하다, 수출하다
▶ A. D. : (라틴어)anno Domini(in the year of our Lord) : 그리스도 기원 ~년.(B. C.는 기원전)

똑똑한 어린 녀석이 시험을 보고 있었는데 두번째 문제에 가서 막힌 것 같았다.

『어느 특정연도의 미국 석탄수출톤수를 명시하라』는 것이었다.

몇분 동안 생각하던 소년은 다음과 같이 적어넣었다.

『서기 32년 — 제로.』

92. 피임법

> A spokesman for a birth control group went through the rural villages of India several years ago, handing out large supplies of rubber condoms, explaining how they worked with the aid of a broomstick.
>
> Next year he returned to find as many new babies as ever. The villagers had taken him at his word, and carefully covered the broomstick before every act of intercourse.

▶ birth control : 산아제한
▶ hand out : 나누어주다
▶ broomstick : 빗자루
▶ take a person at his word : 사람이 말하는 그대로 믿다
▶ act of intercourse : 성행위

몇년 전 일이다. 산아제한 계몽단체의 대변인이 인도의 농촌지역을 돌아다니면서 콘돔을 무더기로 나누어주고는 빗자루에 콘돔을 끼워놓고 그 사용법을 설명했다. 그런데 이듬해 그 지방에 다시 가보니 산아율은 조금도 줄지 않고 있었다. 알고보니 그곳 사람들은 그의 말을 곧이곧대로 받아들여 성행위를 할 적마다 빗자루에 콘돔을 끼워놓고 했다는 것이었다.

93. 백일몽

The two tramps were stretched out on the green grass. Above them was the warm sun, beside them was a babbling brook. It was a quiet, restful and peaceful scene.

"Boy," mused the first tramp contentedly, "right now I wouldn't change places with a guy who owns a million bucks!"

"How about five million?" asked his companion.

"Not even for five million," drowsed the first tramp.

"Well," persisted his pal, "how about ten million bucks?"

The first tramp sat up.

"That's different," he admitted. "Now you're talking real dough!"

▶ tramp : 방랑자

▶ be stretched out : 눕히다, 벌떡 뒤로 자빠뜨리다

▶ babble : (시냇물이)졸졸 소리내다

▶ brook : 시내

방랑하는 두 사내가 풀밭에 축 늘어졌다. 위에서는 따사로운 햇볕이 내리쬐고 옆에서는 시냇물이 조

잘대고 있었다. 그야말로 평온하고 느긋하고 평화로운 정경이었다.

방랑객의 한 사람이 만족감에 도취해서 말했다.

『참, 지금 이 순간 같아서는 100만 달러 가진 놈의 신세도 부럽지 않구먼.』

『500만 달러 가진 자의 신세라면 어떻고?』하며 상대편이 물었다.

『500만 달러쯤도 부럽지 않아.』사내는 꾸벅꾸벅 졸면서 말했다.

『그렇다면 말야, 1000만 달러 정도면 어떻겠어?』그의 친구는 끈덕지게 물었다.

『그쯤 되면 이야기가 다르지. 그건 진짜 큰 돈이잖아!』그는 일어나 앉으면서 말했다.

94. 죄와 벌

> "Mama, did you love to flirt when you were young?"
> "I'm afraid I did, dear."
> "And were you ever punished for it, Mama?"
> "Yes, dear, I married your father."

『엄마, 젊었을 때 바람 피웠우?』
『그랬단다.』
『그래서 벌받았구요?』
『그럼. 그 때문에 너의 아빠하고 결혼한 것 아니니.』

95. 관리인의 애인들

> Wallace dashed wildly into his apartment and found his wife in the kitchen.
>
> "Alice!" he gasped. "We've gotta move out of here right away. I just found out that the superintendent in this building makes love to every woman in it but one."
>
> "Yeah, I know," his wife replied calmly. "That's that stuck-up thing on the fifth floor."

▶ gotta : got to
▶ gasp : 헐떡이며 말하다
▶ right away : 즉시
▶ superintendent : 관리인
▶ stuck-up : 거만한, 건방진
▶ make love to : ~와 성관계를 갖다

부리나케 집으로 달려온 월리스는 부엌으로 들어가서 아내를 보자 헐떡이면서 말했다.

『여보, 우리 이 아파트에서 당장 이사가야겠어. 방금 들었는데 이 아파트의 관리인 말야, 여기 살고 있는 여자들을 모조리 건드리고 있다는 거야. 꼭 하나만을 빼놓고 말야.』

이 소리를 들은 부인은 차분하게 답했다.

『나도 알고 있어요. 그게 5층에 살고 있는 콧대높은 그 여자일 거라구요.』

96. 미 신

As they clambered into bed, the harlot remarked, "Well, here it is Friday the 13th."

The john corrected, "It's Friday, but it's not the 13th tonight."

She persisted, "No, it's not…but you are."

▶ john : 남자, 놈, 녀석
▶ harlot : 음란한 여자, 창녀
▶ clamber : 손발로 기어오르다

잠자리로 기어들면서 창녀아가씨가 말했다. 『이런, 금요일하고도 13이로군.』

사내녀석은 그렇지 않다고 했다. 『오늘이 금요일이긴 하지만 13일은 아니야』

아가씨는 계속했다. 『그게 아니라 당신이 열세번째가 된단 말이에요.』

97. 비교평가

> "I'd like to buy some gloves for my girlfriend," the young man said to the attractive salesgirl, "but I don't know her size."
>
> "Will this help?"she asked sweetly, placing her hand in his.
>
> "Oh, yes," he answered. "Her hands are just slightly smaller than yours."
>
> "Will there be anything else?"the girl queried as she wrapped the gloves.
>
> "Now that you mention it," he replied, "she also needs a bra and panties…."

『걸프렌드에게 장갑을 사줄까 하는데 사이즈를 알 수 없네요.』 청년은 예쁜 점원아가씨를 보고 말했다.

『제것하고 비교해보면 알 수 있겠죠?』 하고 상냥하게 말하면서 아가씨는 자기 손을 청년의 손 위에 갖다 얹었다.

『그렇군요. 아가씨 손보다는 약간 작은 편입니다.』

『필요한 물건 또 없으세요』 하고 아가씨는 장갑을 싸면서 물었다.

『그러니까 생각나는데 브래지어와 팬티도 사야 할 텐데….』

98. 화 대

> "Just because we've deen in bed a few times together who told you you could be late for work?" the businessman yelled at his secretary.
> "My lawyer told me," said the girl.

『몇 번 잠자리를 같이했다 해서 출근까지 늦게 하기야. 누가 그렇게 해도 된댔어?』 사업가는 비서 아가씨를 보고 호통쳤다.
『변호사한테 알아봤더니 그래도 된댔어요.』

99. 지 능

> Wife : "I was pressing your suit and I burned a big hole right in the seat of your trousers."
> Husband : "Forget it. Remember that I've got an extra pair of pants for that suit."
> Wife : "Yes, and it's lucky you have. I used them to patch the hole."

▶ seat : (신체·의복의)엉덩이
▶ patch : 헝겊조각을 대고 깁다

부인 : 『나 당신양복 다리다가 바지 엉덩이 부분을 홀랑 태워버렸어요.』

남편 : 『걱정 말아요. 그 양복엔 바지가 또 한 벌 있잖우.』

부인 : 『거 정말 천만다행이었어요. 그래서 그 바지에서 도려내서 태운 곳을 손질했다구요.』

100. 파리수프

Customer : "There's a fly in my soup."
Waiter : "That's all right, sir. He won't drink much."

손님 : 『수프 속에 파리가 들어 있는걸.』

웨이터 : 『걱정 마세요 손님. 파리 한 마리가 먹어봐야 얼마나 먹을라구요.』

101. 포 식

"Just tell me one thing, Ethel," demanded her outraged husband. "Where does all that money I give you for food get to?"
"Just stand sideways and look in the mirror!" snapped his wife.

▶ outraged : 격분한
▶ get to : ～에 도달하다
▶ stand sideways : 옆으로 서다

『아니 당신 좀 대답해봐요. 식비에 쓰라고 내가 주는 돈은 죄다 어디로 간단 말이오?』 남편은 화가 나서 물었다.

『옆으로 서서 거울을 들여다보시구려.』 부인이 쏴붙였다.

102. 장사요령

Hefflefinger was teaching his son the jewelry business. "Now this is my best money maker," he said, pointing to a case of wristwatches. "They cost me $10 and I sell them for $10."

"If they cost you $10 and you sell them for $10, where does your profit come in?" asked the boy.

"That," Hefflefinger replied, "comes form repairing them."

▶ money maker : 돈벌이되는 것(일)
▶ profit : 이윤

헤플펑거는 아들에게 보석상일을 가르치고 있었다. 손목시계가 든 케이스를 가리키면서 그는 말했다.

『돈벌이가 제일 잘 되는 건 이거야, 10달러씩에 사다가 10달러씩에 파는 거야.』

『밑천 10달러를 들여서 10달러에 팔면 이윤이 없잖아요?』

『이익은 수리하는 데서 생기는 거야.』

103. 미녀와 부자

"No," cooed the much-married international beauty, "it is definitely not true that I married my last husband because he was a millionaire. Actually I made him one."

"Really?" said the talk-show host. "What was he before?"

"A multimillionaire."

▶ coo : 정답게 소곤거리다
▶ talk-show host : 대담쇼 사회자
▶ multimillionaire : 억만장자

여러 번 결혼한 것으로 해서 국제적으로 이름난 미인이 대담쇼에 나와 애교를 떨었다. —『아니죠. 지난번 남편이 백만장자였기 때문에 그와 결혼했다는 건 사실과는 거리가 먼 이야기입니다. 실상 그를 백만장자로 만들어준 건 저였어요.』『그러세요? 그럼 그분은 백만장자가 아니라 뭐였던가요?』하고 사회자가 물었다. 『억만장자였죠.』

104. 사업＝섹스

Two old cronies met after not seeing each other for several years. After the usual amenities were disposed of, one said to the other, "So, how's business?"

"Well," said the other, "I say business is like sex. When it's good, it's wonderful; when it's bad, it's still pretty good!"

▶ crony : 친구(종종 힘있는 자리에 있는 사람의 친구를 가리켜, 멸시하는 투로)

▶ amenities are disposed of : 수인사를 하다, 인사말을 하다

두 옛 친구가 몇년 만에 만났다. 서로 문안인사를 교환하고 나자 한쪽이 물었다. 『그래 장사는 어떤가?』

『글쎄, 장사야 섹스 같은 거잖아. 좋을 때엔 기가 막히게 좋고 나쁠 때도 그런 대로 꽤 좋은 것이 아니냐구.』

105. 밀수출

His Lordship awoke with an all-too-infrequent feeling of virility and joyfully announced his condition to his valet. Impressed, the servant asked, "Shall I notify M'lady?"

"No, just hand me my baggy tweeds," replied His Lordship. "I shall smuggle this one into town."

▶ His Lordship : 지체가 높은 사람의 존칭
▶ all-too-infrequent : 아주 드문
▶ M'lady : 마나님
▶ virility : (남자의)정력
▶ valet : 하인
▶ tweeds : 스코틀랜드에서 생산되는 거친 모직물의 일종인 트위드로 만든 옷
▶ smuggle : 밀수출하다, 몰래 가지고 나가다

아침에 깨어난 대감께서는 아랫도리가 뿌듯해진 것을 느끼곤 사뭇 기뻐하면서 보기 드문 이 현상을 하인에게 알렸다. 이에 감동한 하인은 『마나님께 알려드리오리까』 하고 물었다.

『아서라. 요대로 살짝 읍내로 가지고 갈 것이니 자루바지를 내놓아라.』

106. 독신자와 기혼자

On a busy night at the cathouse, several men sat downstairs waiting their turns.

One gent pulled his collar up around his neck and muttered, "My wife would beat me up if she knew where I was."

Another looked furtively about the parlor as he whispered. "That's nothing. My wife would kill me."

A third customer thrust out his chest, hooked both thumbs under his armpits, and boldly stated, "I don't care who knows I come here, because I'm a bachelor."

Every man in the room turned to stare at this brazen stranger. Finally, in a quiet voice, somebody asked, "So if you're not married, how come you have to go out and buy a piece?"

▶ cathouse : 유곽
▶ gent : (비속)gentleman
▶ furtively : 은밀히, 슬쩍
▶ brazen : 뻔뻔스런
▶ piece : (속어)성행위, 성행위의 상대자

어느 날 밤 유곽은 손님들로 붐볐다. 몇사람이 아래층에서 차례를 기다려야 했다. 한 신사가 옷깃을 목언저리로 끌어올리면서 중얼거렸다.

『이런 데 와 있는 줄 알면 우리 마누라는 매질하려 들 겁니다.』

그러자 또 한사람이 방 안을 힐끔거리면서 나직한 목소리로 한마디 했다.

『그 정도면 괜찮게요. 우리 마누라 같으면 죽이려 들 겁니다.』

또 한 사람의 손님은 팔짱을 끼고 앞가슴을 내밀면서 당당하게 말했다. 『난 누가 보건 개의치 않습니다. 총각이라서요.』

방 안에 있던 모든 사람의 시선이 이 뻔뻔스런 신참자에게로 쏠렸다. 마침내 누군가가 나직한 소리로 물었다. 『아니, 장가도 가지 않았으면서 뭣 때문에 밖에 나와 돈 주고 이짓합니까?』

107. 노인과 사탕

During one of the tensest moments of a murder picture at the Paramount Theatre in New York, an elderly gentleman began groping for something on the floor, greatly disturbing a lady in the next seat.

"What have you lost?" she inquired testily.

"A caramel," said the man.

"You're going to all this bother for a measly caramel?" she asked.

"Yes," was the reply. "My teeth are in it."

뉴욕의 파라마운트 극장에서 상영되고 있는 살인극이 가장 무시무시한 장면에 이르렀을 때였다. 영감 한 분이 바닥을 더듬으면서 무엇인가를 찾기 시작, 옆자리의 여자관객을 방해했다.

『뭘 잃어버렸어요?』하고 여자는 짜증을 내면서 물었다.

『캐러멜을요.』

『아니 그까짓 캐러멜 조각을 찾으려고 그 고생하시는 건가요?』

『그렇다오. 내 이가 그 속에 들어 있단 말이오.』

108. 술 꾼

"I can't seem to find any cause for your sickness," said the doctor. "Frankly, I think it's due to drinking."
"Well, if that's the trouble," said the patient, "I'll come back when you're sober."

▶ sober : 술 취하지 않은, 맨정신의

『아무런 원인도 찾아내지 못하겠는걸요. 솔직히 말해서 술 때문이 아닌가 싶군요.』 의사가 이렇게 말하자 환자가 입을 열었다.

『그러시다면 선생께서 술에 취하지 않았을 때에 다시 오리다.』

109. 전 화

Father : "You usually talk on the phone for two hours. This call took only 45 minutes. What happend ? "

Daughter : "Wrong number. "

아버지 :『너는 한 번 수화기를 들었다 하면 보통 두 시간을 끌던데 지금 전화는 겨우 45분으로 끝났어. 어찌된 일이냐?』

딸 :『잘못 걸린 전화였거든요.』

110. 남자와 여자

The couple stepped up to the desk clerk of one of the city's nicer hotels. "I'd like a room and a bath for my wife and myself, " said the gentleman.

"I'm terribly sorry, sir, " said the clerk, "but the only room available doesn't have any bathroom facilities. "

"Will that be all right with you dear ? " the gentleman asked the young lady at his side.

"Sure, mister, " she said.

▶ step up to : ~에 다가서다
▶ nicer hotel : 괜찮은 축에 속하는 호텔
▶ mister : 친숙하지 않은 사람에 대한 칭호

한 쌍의 남녀가 그 고장에서 괜찮은 것으로 손꼽히는 어느 호텔의 프론트 데스크에 나타났다.

『내 처와 함께 욕실달린 방에 투숙했으면 하는데…』하며 신사께서 말했다.

『대단히 죄송합니다만 지금 비어 있는 방은 하나뿐인데 거기엔 욕실이 없습니다』라고 접수하는 담당자가 말했다. 『여보, 욕실이 없는 방이라도 괜찮겠소?』라고 남자는 곁에 서 있는 젊은 여인에게 물었다.

『좋다 마다요, 선생님.』

111. 위기모면

Wife : "I suppose you know I came near marrying Jim before I married you."
Hubby : "Now I know why he shakes hands so warmly whenever we meet."

▶ hubby : (구어)husband

아내 :『당신과 결혼하기 전에 짐하고 결혼할 뻔했다는 사실 당신도 알고 있을 테죠?』

남편 :『이제 알겠군. 어쩐지 만날 때마다 다정하게 악수를 해온다 싶더라니.』

112. 모 델

Dissatisfied with the way his car had been repaired, a Los Angeles surgeon complained to the mechanic.

"If I repaired people the way you repair cars, I'd be in jail."

"But doctor," the mechanic explained, "you must admit that your job is easier."

"Easier?"

"Of course. You only have to work on two models — male and female — which never change from year to year."

▶ surgeon : 외과의사
▶ mechanic : 기계공
▶ from year to year : 1년 지나면, 해마다

자동차를 수리해놓은 품이 못마땅하게 여겨지자 로스앤젤레스의 한 외과의사는 정비공에게 불만을 터뜨렸다.

『내가 만약 이따위로 사람을 손봤다가는 교도소에 가고 말거요.』

『하지만 의사선생님, 선생님이 하시는 일이야 우리가 하는 것보다 수월하다는 사실을 아셔야죠.』

『수월하다구?』

『물론이죠. 선생님들이 취급하는 모델은 남자하고 여자하고 두 가지뿐이고 해마다 바뀌는 것이 아니잖아요?』

113. 사면초가

A cattleman rode into a clearing and saw an enraged bull attempting to end the career of a cowboy who had been separated from his horse. The cowboy dived into a convenient recess in the ground, and the bull plunged across the hole. The cowboy leaped out, and on came the bull, madder than ever, and back into the hole dropped the cowboy.

The cattleman watched this strange thing happen half a dozen times. Then he shouted,
"Why don't you just stay in the hole?"
Leaping out again, the cowboy yelled,
"There's a bear in that hole!"

▶ clearing : 숲속의 훤히 트인 곳
▶ enraged : 성난
▶ end the career of : ~의 일생을 끝장내다
▶ recess : 우묵한 곳, 은거지

차를 몰고가다가 훤한 데로 나온 목축업자는 성난 황소가 머리를 숙이고 으르렁거리면서 말에서 내

린 카우보이를 죽이려고 덤벼드는 광경을 목격했다. 카우보이는 편리하게 움푹 들어간 곳이 있어서 그 속에 숨어버렸는데 그러자 황소는 돌진해 와서 그곳을 지나가버렸다. 다음 순간 카우보이는 구멍에서 다시 모습을 드러냈는데 그를 본 황소는 더욱 성을 내면서 다시 달려들었고 카우보이는 다시 구멍 속으로 숨어버렸다.

이같은 이상한 숨바꼭질이 여섯 번이나 되풀이되는 것을 본 목축업자는 소리질렀다.『왜 굴 속에 가만 있지 않고 그래요?』

굴 속에서 다시 뛰어나온 카우보이는 고함을 질렀다. 『굴 속엔 곰이 있는걸요!』

114. 과 부

A woman was bemoaning the fact that her husband had left her for the sixth time.

"Never mind," consoled her neighbor, "he'll be back."

"No, he won't," sobbed the wife. "This time he's taken his golf clubs."

▶ bemoan : 한탄하다

남편이 여섯 번째로 집을 나갔다고 한탄하는 여자를 이웃 아낙네가 달랬다.

『걱정 마세요. 돌아오실 텐데 뭘 그러세요.』

『천만에요, 안 돌아올 겁니다. 이번엔 골프채까지 가지고 가버린걸요』 하며 그녀는 흐느꼈다.

115. 보 복(Ⅱ)

"Nurse," said the patient, "I've fallen in love with you. I don't want to leave this place. I don't want to get well！"

"Don't worry," answered the nurse, "you won't. The doctor who saw you kissing me yesterday is my husband."

▶ fall in love with : ~에게 반하다
▶ get well : 회복하다

『간호사 아가씨, 난 아가씨한테 반했어요. 여기서 나가고 싶은 생각 없어요. 병이 낫는 것도 바라지 않고요.』 이처럼 하소연하는 환자에게 간호사가 알렸다.

『걱정 마세요. 병이 낫지 않을 테니. 어제 저한테 키스했을 때 그 장면을 목격한 의사는 바로 저의 남편인 걸요.』

116. 청 중

An English author broke off his lecture tour in Iowa. "I never minded people looking at their watches while I talked," he told his agent, "but out there they shake them."

영국의 작가 한 사람이 미국에서의 순회강연을 중단하면서 에이전트에게 불평했다. 『난 내가 이야기를 하고 있는데 사람들이 시계를 들여다보는 것쯤은 개의치 않았는데 여기와 보니 자기 시계가 멎어버린 것이 아닌가 해서 흔들어보는 사람들도 있습디다.』

117. 눈요기

When Ole Janssen secured a job as janitor in a famous night club, he was given a pass key to every room in the building including the girls' dressing rooms.

Two weeks later the manager ran into him in the hall and said, "What's the matter, Ole? You haven't come round to collect any wages yet."

"By golly," gasped Ole. "I get wages too?"

▶ secure a job : 일자리를 얻다
▶ run into : ~와 우연히 만나다
▶ by golly : 저런 !
▶ gasp : (놀라움으로)헐떡이며 말하다

유명한 나이트클럽의 수위로 취직한 올 잰슨은 아가씨들이 옷을 갈아입는 휴게실을 비롯하여 그 빌딩 안에 있는 모든 방문을 열 수 있는 열쇠를 맡았다.

2주 후 복도에서 잰슨과 마주친 나이트클럽의 지배인은 『웬일인가, 여태 봉급을 받아가지 않으니…』하고 물었다.

『아아니, 그럼 봉급도 준단 말인가요?』 잰슨은 깜짝 놀라며 말했다.

118. 명 답(Ⅱ)

Teacher : "What letter comes after A ? "
Kindergarten child : "All of them."

▶ kindergarten : 유치원

선생님 :『A자 다음에 오는 글자는?』
유치원생 :『다른 모든 글자요.』

119. 오 발

The telephone rang in the school office, and the principal picked up the phone. A squeaky voice said :

"I'm calling for Jimmy Jones, and he won't be at school today. He's sick."

"That's all right," the principal replied. "Thank you for calling, and may I ask who is speaking, please?"

There was a moment's hesitation before the squeaky voice replied. "This is my mother."

▶ principal : 교장
▶ squeaky : 찍찍거리는, 귀따가운
▶ hesitation : 주저함, 우물쭈물함

학 교사무실의 전화벨이 울리자 교장이 수화기를 집어들었다. 귀따가운 음성이 들려왔다.

『지미 존즈 때문에 전화를 걸었는데요. 그애는 오늘 학교에 가지 못합니다. 몸이 아파서요.』

『괜찮습니다. 전화해 주셔서 한데 전화주시는 분은 누구신지요?』 교장께서 물었다.

잠시 머뭇거리더니 귀따가운 음성이 다시 들려왔다.

『이쪽은 우리 어머니입니다.』

120. IQ

The office was agog as the statuesque blonde wiggled through on her way to the boss's office for an interview for the job as his private secretary. Business came to a standstill when, after the interview, she undulated back the way she had come in.

The boss' assistant rushed to his superior's office and said with a leer :

"Well, Boss, how did, she stack up ?"

"38-24-27-68."

"What's the 68 for ?" asked the assistant.

"That," sighed the Boss, "is her I. Q."

▶ agog : 떠들썩한
▶ come to a standstill : 정지하다
▶ leer : 곁눈, 상스러운 눈초리
▶ stack up : 합계 ~이 되다, 참고로 stacked는 여자의 체격을 놓고 이야기할 때 「곡선이 풍부한」 상태를 가리킨다

사장의 개인비서로 취직하려고 찾아온 미녀가 그 예쁜 몸매를 과시하면서 사장실로 면접받으러 들어가자 사무실은 떠들썩해졌다. 면접을 마친 미녀가 사장실에서 나와 넘실거리는 몸의 율동을 자랑하면서 다시 걸어나갔을 때 사무실 사람들은 완전히 일손을 놓고 있었다.

사장을 보좌하고 있는 측근자는 얼른 사장실로 들어가서 묘한 눈매로 흘깃거리면서 물었다.

『저어 사장님, 지금 그 여자는 몇 점이나 됩니까?』

『38 24 27 68일세.』

『68은 뭡니까?』

『IQ라네.』 사장은 한숨지으면서 대답했다.

121. 에펠탑

Whenever William Morris ─ the nineteenth century English author, art lover and critic, reformer and craftsman ─ was in Paris, he dined most of the time at the Eiffel Tower restaurant. When asked why he spent so much of his time at the Eiffel Tower, he said it was the only way he could avoid seeing the thing.

▶ dine : 정찬을 먹다
▶ craftsman : 장인, 기예가

19세기의 저술가, 미술애호가, 미술평론가, 개혁가, 장인(匠人)이었던 영국의 윌리엄 모리스는 파리로 가기만 하면 주로 에펠탑의 레스토랑에서 식사하면서 시간을 보냈다. 어째서 에펠탑에서 그토록 많은 시간을 보내느냐고 물었더니 그는 에펠탑을 보지 않으려니 달리 도리가 없지 않느냐고 대답했다.

122. 강제혼인

"Doc," said the mountaineer, leading a gan gling youth into the office of the village doctor.

"I want you to fix up my son-in-law. I shot him in the leg yesterday and lamed him up a mite."

"Shame on you, shooting our own son-in-law!" scolded the medico.

"Well, Doc," answered the mountaineer. "He wasn't my son-in-law when I shot him."

▶ doc : (구어)doctor
▶ medico : (구어)의사
▶ mountaineer : 산의 주민, 산골사람
▶ a mite : 약간
▶ Shame on you! : 무슨 꼴이야! 부끄럽지 않느냐!

산골사람이 키가 후리후리한 청년을 이끌고 마을 의사를 찾아왔다.

『의사선생, 내 사위녀석 좀 봐주시오. 내가 어제 다리에 한 방 쐈더니 좀 절름거린단 말씀입니다.』

『자기 사위한테 총질을 하다니 그게 무슨 망측한 짓입니까』 하고 의사는 나무랐다.

『하지만 의사양반, 내가 총을 쐈을 때만 해도 사위가 아니었단 말씀입니다.』

123. 애국심(Ⅰ)

A teacher hoping to instill a bit of patriotism in her class, asked one of the young students what he would think if he saw the Stars and Stripes flying over a battlefield.

"I should think," replied the boy, "that the wind is blowing."

▶ instill : (의식·사상 따위가)스며들게 하다
▶ patriotism : 애국심
▶ the Stars and Stripes : 성조기(미국국기)

선생님은 아이들에게 애국심을 고취시킬 생각으로 자기반의 한 학생에게 싸움터에서 국기가 나부끼고 있는 것을 봤을 때 뭣을 생각하겠느냐고 물었다.

『바람이 불고 있구나 하는 것을 생각하겠어요』라고 사내녀석은 대답했다.

124. 노인과 여자

A reporter on a daily newspaper was sent out to interview a man who'd just passed his 101st birthday.

Asked about his reaction to woman, the oldster replied regretfully.

"I'm afraid I can't help you much. I gave up thinking about women almost two years ago."

"…Well, up until 99?"

▶ reaction : 반응
▶ oldster : (구어)노인(youngster와 대조되는 말)

101회 생일이 갓 지나간 영감님과 인터뷰하도록 신문사는 기자를 보냈다.

기자가 여성에 대한 반응에 관해서 묻자 영감님은 애석하다는 투로 말했다.

『이거 별로 도움이 될 수 없겠구면. 나는 여자생각을 포기한 지가 2년 가까이 되는걸.』

『…아니 그럼 99세 되실 때까지요?』

125. 과대망상

> "Who are you going to get to fill my vacancy?" asked the just-fired clerk of his boss.
> "Vacancy?" said the boss. "My boy, you're not leaving any vacancy."

▶ fill vacancy : 공백을 채우다
▶ just-fired : 방금 해고된
▶ clerk : 사무원, 점원

『내가 그만두면서 생기는 공백은 누구더러 채우게 할 셈인가요?』하고 방금 파면당한 직원이 사장에게 물었다.

『공백은 웬 공백이야. 이 사람아, 자네가 떠나봤자 아무런 공백도 생기지 않아.』

126. 나체연회

Samuel Hopkins Adams, willing to try any-
thing once, accepted an invitation to a nudist
banquet. Describing the experience to friends
later, he said, "Those folks don't do things
by halves. Even the butler who opened the
door for me was completely nude."

"How did you know it was the butler?"
asked Mr. Adams' literal-minded publisher.

"Well," said Mr. Adams, "it certainly
wasn't the maid."

▶ nudist banquet : 나체주의자들의 연회
▶ butler : 집사, 하인들의 우두머리
▶ literal-minded : 고지식한, 융통성 없는

무엇이든지 한번쯤 해봐야 직성이 풀리는 성미였던 새뮤얼 홉킨즈 애덤즈는 나체연회에 초대받고는 나가보기로 했다. 그 날 경험했던 일을 나중에 친구들에게 이야기하면서 그는 『그 사람들 정말 철저하더군. 내가 갔을 때 문을 열어준 그 집의 집사까지도 아주 홀랑 벗고 있더란 말이야』라고 했다.

그러자 고지식한 그의 출판업자가 물었다. 『그 사람이 그 집 집사라는 걸 어떻게 아셨어요?』

『글쎄, 분명히 하녀는 아니더란 말입니다.』

127. 역이용

A lawyer listened very attentively while the prospective client gave details of the case.

"You can't lose," said the lawyer finally.

"If that case is presented properly, any jury in the land will deliver a verdict inside of ten minutes. Hand over a $100 retainer and I will handle the case for you."

"No, thanks," said the client. "I don't think I'll pursue the matter further. I was giving you the other fellow's side."

▶ prospective client : 고객이 될 가능성이 있는 사람
▶ present : (사건을)제소하다

변호사는 사건을 맡겨올는지도 모를 사람의 세부적인 이야기에 열심히 귀를 기울이고 나서 마침내 그의 의견을 밝혔다.

『반드시 승소할 수 있습니다. 사건을 잘 제소하기만 한다면 이 나라의 어떤 배심이라도 단 10분 안에 결판을 내려줄 것입니다. 착수금조로 100달러 내세요. 내가 맡아드릴 터이니.』

『고마운 말씀입니다만 난 이 사건을 포기해야 할 것 같아요. 내가 지금 이야기한 것은 상대편 사정입니다.』

128. 부정심리

"Children," the teacher asked, "how can we distinguish right from wrong?"
Then a pupil stood up and said.
"If we enjoy doing a thing, it's wrong."

▶ distinguish : 구별하다
▶ pupil : 학생

『어린이 여러분, 우리는 옳은 것과 그른 것을 어떻게 구별하죠?』 하고 선생님이 물었다.
한 어린이가 일어서서 대답했다.
『우리가 어떤 일을 하고 있는데 그것이 재미나는 일이라면 그건 나쁜 것입니다.』

129. 광고효과(Ⅱ)

Malcolm G. Krebbs was the last of the old diehards who believed in doing business without advertising, and like so many others he found that his philosophy just didn't work any more. So he finally went to an advertising agency, but with great misgivings. Mr. Krebbs just couldn't manage to understand the principle behind advertising until an executive at the agency explained it to him like this : Doing business without advertising is like winking at a girl in the dark ─ you know what you are doing, but nobody else does.

▶ diehard : 완강한 저항자
▶ philosophy : 철학
▶ with great misgivings : 큰 회의를 느끼면서

맬콤 크레브즈는 광고하지 않아도 장사가 된다고 생각하면서 끝까지 완강하게 광고를 배척한 그 케케묵은 사고방식의 신봉자였다. 그런데 그도 그러한 사고방식에 젖은 다른 사람들과 마찬가지로 자신의 철학이 이제 실속없는 것임을 깨닫게 되었다. 그래서 다분히 회의적인 생각에 사로잡힌 채 마침내 광고대행회사로 찾아갔다.

그는 광고를 뒷받침하는 원리가 어떠한 것인지 이해할 수가 없었으나 광고대행사의 임원으로부터 다음과 같은 이야기를 듣고서야 실감이 났다. 『광고를 하지 않고 장사하는 것은 마치 캄캄한 데서 여자에게 윙크하는 거나 같은 것입니다. 윙크하는 사람은 자신이 뭣을 하고 있는지 알지만 다른 사람은 알 길이 없는 겁니다.』

130. 남녀유별

A beautiful Hollywood model was upbraiding her young brother because he was continually in debt.

"Look at how well I'm doing," she protested. "Why can't you follow my example?"

"You don't seem to understand, sis," he said, "that it's just what's making you rich that's making me poor!"

예쁜 할리우드의 모델아가씨가 마냥 빚만 지고 다니는 남동생을 나무랐다. 『나 좀 보렴. 빚지는 일없이 잘 꾸려나가고 있지 않니. 어째서 좀 본받을 줄 몰라?』

그러자 동생이 항변했다.

『누나는 뭐 잘 모르고 있는 것 같군. 누나에게 돈을 갖다주고 있는 바로 그것이 나에게는 가난의 원인이 되고 있단 말이야.』

131. 군비축소

During the Constitutional Convention in Philadelphia, it was proposed, "That the standing army be restricted to 5,000 men at any one time." George Washington as the presiding officer, could not offer a motion, but he turned to another member and whispered.

"Amend the motion to provide that no for eign nation enemy shall invade the United States at any time with more than 3,000 troops."

▶ the Constitutional Convention : (미합중국의)헌법제정회의
▶ standing army : 상설군대
▶ at any one time : 어느 때에나
▶ presiding officer : 사회자, 의장
▶ provide that : (법률용어)~라고 규정하다

필라델피아에서 미국의 헌법제정회의가 열렸을 때의 일이다. 『상설군대는 어떠한 때에나 5,000명을 넘지 않는 것으로 제한한다』는 안이 나왔다. 그러자 사회를 맡고 있기 때문에 직접 동의를 할 수 없었던 조지 워싱턴은 다른 의원에게 수군거렸다. 『어떠한 외적도 한꺼번에 3,000명 이상의 병력을 가지고 합중국으로 쳐들어와서는 안 된다고 규정하는 수정안을 내놓게.』

132. 화가와 모델

An artist fell in love with his nude model.

The model, knowing the reputation of artists as being swingers, felt proud to be in such fast company. She asked lewdly.

"How many models did you have before me?"

"Six," he said, "a tree, an orange, an apple, a fish, and two vases with flowers."

▶ reputation : 평판
▶ swinger : 아무 거리낌없이 섹스를 즐기는 사람
▶ fast company : 조속히 이루어진 관계, 결합
▶ lewdly : 음탕하게

화가가 알몸으로 포즈를 취해주는 그의 모델에 반해버렸다.

화가들이 방탕한 것으로 정평이 있음을 잘 알고 있는 모델아가씨는 그렇듯 빨리 화가가 그녀에게 빠져준 사실을 자랑스럽게 여기면서 음탕스럽게 물었다.

『지금까지 모델 몇을 경험해 봤어요?』

『여섯이야. 나무, 오렌지, 사과, 물고기 그리고 병에 꽂힌 꽃 두 번하고 해서 말야.』

133. 감사기도

A Franciscan missionary suddenly came upon a lion while traveling through the jungle. Flight was hopeless. The missioner quickly dropped to his knees in prayer. Minutes later, he looked up and was greatly comforted to see the lion also on his knees beside him.

"Brother Lion," exclaimed the missioner in great relief, "how good it is to see you joining me in prayer. I despaired for my life."

"Quiet," snapped the lion, "I'm saying grace."

▶ Franciscan : 프란체스코 수도회(1209년에 이탈리아에서 창시된 수도회)의

▶ missionary : missioner : 선교사

▶ drop to one's knees : 무릎을 꿇다

▶ be comforted : 안심하다

▶ in great relief : 크게 안심하여

▶ grace : (식전·식후의) 감사기도

프란체스코 수도회의 선교사가 밀림 속을 여행하다가 사자와 마주쳤다. 도망친다는 것은 도저히 생각할 수 없는 상황이었다. 선교사는 얼른 무릎을 꿇고 기도를 시작했다. 몇 분 후 고개를 든 선교사는 사자도 그의 곁에 와서 무릎을 꿇고 앉아 있는 것을 보고는 대

단히 좋아했다. 마음을 푹 놓게 된 선교사는 환성을 질렀다. 『사자형님, 그대가 나와 함께 기도를 올리고 있으니 이 얼마나 반가운 일이오. 나는 죽는 것으로만 알았는데.』

『조용히 해. 난 지금 식전기도를 올리고 있단 말이야』하며 사자는 내뱉듯이 말했다.

134. 소설의 성패

A group of writers were discussing the ideal opening for a commercially successful piece of fiction.

They agreed that the first paragraph should contain (1)sex, (2)high life and big money, and (3)an unconventional situation.

On that basis, one of them contrived this unbeatable beginning :

"Damn it," said the Duchess to the King, "take your hand off my leg."

▶ opening : 서두
▶ a commercially successful piece of fiction : 많이 팔려서 상업적으로 성공할 수 있는 소설작품
▶ high life : 상류사회의 사치스러운 생활
▶ unconventional : 관습에서 벗어난, 이례적인
▶ contrive : 꾸며내다
▶ unbeatable : 능가할 수 없는
▶ beginning : 서두
▶ duchess : 공작부인, 공작미망인

일단의 작가들이 상업적으로 성공할 수 있는 소설의 이상적인 서두가 어떤 것이어야 하는가를 놓고 토론을 벌였다.

그들은 소설의 첫대목에는 ①섹스 ②상류층의 호화생활과 부, 그리고 ③이례적인 상황이 나와야 한다는 데 의견을 모았다.

이와 같은 원칙에 입각해서 그들 가운데 한 사람이 타의 추종을 불허하는 다음과 같은 서두를 엮어냈다.

『빌어먹을! 이 손 내 다리에서 치워요』라고 공작부인은 임금에게 말했다.

135. 선택의 여지

A Carolina mountaineer cornered a young sprout one evening, and demanded, "See here. You been courtin' my daughter for three years. You got to tell me about your intentions. Are they honorable or dishonorable?"
The young sprout's face brightened visibly.
"You mean I got a choice?" he asked.

▶ mountaineer : 산골사람
▶ corner : 구석에 몰아넣다, 다그치다
▶ sprout : 젊은이

미국 캐롤라이나주의 산골사람이 어느 날 저녁 한 청년을 붙잡고는 닦아세웠다. 『이봐, 자네는 우리집 딸아이한테 치근거린 지가 3년이나 돼. 어쩔 셈인지 어디 자네 속셈 좀 이야기해 보게나. 잘 하겠다는 거야 뭐야?』

　젊은이는 눈에 띄게 표정이 밝아지면서 물었다. 『아니 그럼 아직도 선택의 여지가 있다는 말씀이신가요?』

136. 노　장

> When Oliver Wendell Holmes was over 90, he was striding briskly down Pennsylvania Avenue with a friend when one of Washington's most beautiful debutantes ankled by. The Chief Justice gave her the eye, sighed, and murmured, "Ah, if I were only eighty again!"

▶ debutante : 처음으로 사교계에 나온 여자
▶ ankle : (속어)느릿느릿 걷다
▶ give the eye : 주목하다, 주시하다

　미국의 대법원장 올리버 웬델 홈즈가 90도 더 되었을 때의 일이다. 하루는 친구 한 사람과 더불어 펜실베이니아 애버뉴를 활보하고 있는데 워싱턴 사교계에서 이름을 날리고 있었던 한 미인이 천천히 지나갔다. 그는 그 미녀를 바라보더니 한숨지으면서 중얼거렸다. 『80쯤으로 되돌아갈 수만 있다면 말야…』

137. 아버지와 아들(Ⅱ)

"Dad, why did you sign my report card with an X instead of your name?"
"I don't want your teacher to think that anyone with your grades could possibly have a father who can read `or write."

▶ report card : 성적표
▶ grade : 학점

『아빠, 어째서 내 성적표에 이름을 서명하지 않고 X자만 적어넣었어?』

『선생님이 이상하게 생각할까봐서 말야. 아버지가 글을 읽고 쓰고 할 줄 아는 집 아이가 어떻게 돼서 성적이 그 모양이냐고 생각할 것 같아서 말이다.』

138. 비상조치

A Chicago merchant was summoned sudden-
ly to a big business powwow in New York. It
was scheduled to last four days, and he had
to grab a plane within the hour.

Problem : how to contact his wife, who was
on a shopping spree? The merchant thought
and suddenly came up with a brilliant idea.

He ordered his secretary to cancel all of his
wife's charge accounts.

She called up in a rage twelve minutes
later.

시카고의 상인이 갑작스럽게 연락을 받았다. 뉴욕에서 중요한 사업상의 회의가 있으니 참석하라는 것이다. 회의는 4일간 계속될 예정인데 거기에 참가하려면 한 시간 안에 비행기를 타야 했다.

그런데 문제가 있었다. 한창 쇼핑을 즐기고 있는 부인에게 어떻게 해서 연락을 취할 것인가. 이 점에 대해서 궁리하는 그의 머리에 갑자기 좋은 생각이 떠올랐다.

그는 비서를 불러 부인의 외상거래를 모조리 취소해 버리라고 일렀다.

그로부터 12분이 지나자 부인은 화가 날 대로 나서 전화를 걸어왔다.

139. 켈리의 발견

A Hollywood reporter asked Gene Kelly,
"When did you first begin to like girls?"
　Kelly's forthright answer was, "The minute
I discovered they weren't boys."

▶ forthright answer : 즉답

할리우드의 기자가 진 켈리를 보고 물었다. 『여자를 처음으로 좋아하기 시작한 게 언제였죠?』
　『계집아이들이 사내와는 다르다는 것을 알게 된 순간부터였죠』라고 그는 즉답을 했다.

140. 전통의 내력

A bride served baked ham and her husband asked why she cut the ends off.

"Well, that's the way Mother always did it," she replied.

The next time his mother-in-law stopped by, he asked her why she cut the ends off the ham. "That's the way my mother always did it," she replied.

And when Grandma came to visit, she too was asked why she sliced the ends off the ham. "Why," she said, "that's the only way I could get it into the pan."

▶ cut the ends off : 가장자리를 잘라내다
▶ stop by : 들르다, 방문하다
▶ slice : 얇게 베다, 깎아내다

새 색시가 구워온 햄을 보자 남편은 어째서 가장자리를 잘라버렸느냐고 물었다.

『글쎄요. 어머님이 늘 그렇게 하시데요』 하고 신부는 대답했다.

그런 일이 있고 나서 장모님이 찾아오자 사위는 어째서 햄의 가장자리를 잘라버리는 거냐고 물었다.

『우리 어머님이 늘 그렇게 하시더군』 이라는 것이 장

모님의 대답이었다.

그러다가 새색시의 외할머니가 찾아온 일이 있었기에 신랑은 햄의 가장자리를 잘라버리는 까닭을 물었다.

『아아니, 그렇게 잘라내지 않고는 프라이팬에 들어가지를 않더란 말이야.』할머니의 설명이었다.

141. 작가와 출판업자

A famous novelist's agent wore a deep frown all evening. Finally the novelist asked what was troubling him. "It's a dream I had last night," the agent said. "I dreamed that you wrote a novel that was chosen by the Book-of-the Month Club, sold over a million copies and was bought by MGM for $500,000."

"What's so terrible about that?" said the novelist.

The agent shook his head sadly. "I woke up," he said, "just before I collected my ten percent commission."

▶ agent : (이권·상업거래 따위의)대리인, 대행자

▶ wear a deep frown : 오만상을 찌푸리다

▶ the Book-of-the-Month Club : 매달 우수작품을 선정해서 발표하는 미국의 독서클럽

유명한 소설가의 출판대행업자는 저녁 내내 오만상을 찌푸리고 있었다. 마침내 소설가는 대행업자에게 영문을 물었다.

『간밤에 꿈을 꿨어요. 당신이 소설을 써서 「이 달의
우수작품」 선정클럽으로부터 우수작품으로 지정받아 100
만 부 이상이 팔리고 MGM사가 50만 달러에 그 작품을
사간 꿈을 말입니다.』

『그런 꿈을 꿨는데 뭐가 그다지도 못마땅한 겁니까?』

『내가 받아야 할 10%의 커미션을 미처 수금하기도 전
에 깨어났지 뭡니까?』 대행업자는 비통해하면서 고개를
흔들었다.

142. 자유부부

"Herman, don't do that."
"What?"
"You leave your windowshades up at night.
When I passed your house, I saw you kissing
your wife."
"Ha! The joke's on you. I wasn't home
last night."

▶ The joke is on you. : 그 농담의 대상은 당신이다

『이』 사람아, 좀 삼가게.』
『뭘 말인가?』

『자네는 밤에 창문커튼을 열어놓고 있는데 그래서 나
는 지나가다가 자네가 부인하고 키스하는 걸 봤다구.』

『허어! 자네 웃기는군. 난 어젯밤에 집에 들어가지도
않았다네.』

143. 할머니와 의사

An old woman was suffering from an eye — disease and she sent for the doctor. He promised her that he would not take anything for the medicine needed for her eyes if they should not recover, but if they were cured, she would have to pay the sum that he requested.

So he went to her house every day and treated her eyes medically.

He was such a mean man that every time he went to her house, he used to take home something that belonged to her without her knowledge. Thus in a month her eyes were completely cured, and so he asked her for the cost of the medicine.

But the demand was refused, for she said, "It proves my eyes are still out of order as I could not yet see all my furniture."

▶ send for : ~를 데리러 보내다
▶ mean : 비열한
▶ used to : 언제나 ~했다, ~하는 것이 보통이었다.
▶ without her knowledge : 그 여자 몰래
▶ out of order : 고장난, 몸에 이상이 있는

눈병에 걸린 할머니가 의사를 불렀다. 의사는 병이 낫지 않으면 약값을 받지 않겠다고 말하고, 그러나 병이 완쾌됐을 때에는 자기가 청구하는 금액을 지불해야 한다고 했다. 그래서 매일같이 왕진을 하면서 눈을 치료해줬다.

그런데 이 의사는 인간됨이 비열해서 왕진나왔을 때마다 할머니 몰래 그 집 물건을 쓱삭해갔다. 그럭저럭 한 달이 되어 할머니의 안질이 완쾌되자 의사는 치료비를 청구했다. 그러나 할머니는 치료비지불을 거부하면서 이렇게 말했다.

『우리집 가구들이 더러 보이지 않는 걸 보면 아직도 내눈이 온전하지 못한 게야.』

144. 부전자승(Ⅰ)

Minister : "And how high can you count, little boy?"

Boy : "One, two, three, four, five, six, seven, eight, nine, ten, jack, queen, king."

목사 : 『애, 넌 몇까지 헤아릴 수 있니?』

꼬마 : 『하나, 둘, 셋, 넷, 다섯, 여섯, 일곱, 여덟, 아홉, 열, 잭, 퀸, 킹.』

145. 장 모 (I)

A lobster merchant received an urgent telephone call informing him that the body of his mother-in-law had been cast up by the tide with a lobster firmly attached to each toe.

When the Coast Guard asked, "What'll we do with the body?" He answered, "sell the lobsters and set her out again."

▶ cast up : (파도가)밀어올리다
▶ lobster : 바다가재, 왕새우(새우는 shrimp)
▶ toe : 발끝, 발가락

왕새우상인은 발가락마다 왕새우에게 단단히 물린 자기 장모의 시신이 파도에 떠밀려왔다는 것을 지급전화로 연락받았다.

『이 시신을 어떻게 할까요?』 하고 해양경비대에서 물어왔다.

『새우는 팔고 시신은 바다로 도로 내보내시오.』

146. 초대 대통령

A little kindergartener announced at breakfast that he didn't have to go to school because it was Geroge Washington's birthday. Father asked : "Who was he?"

The little boy answered : "He was the first Clinton."

▶ kindergartener : 유치원(kindergarten)에 다니는 어린이

아침식사를 하는 자리에서 유치원에 다니는 꼬마녀석은 조지 워싱턴의 생일이라서 유치원이 논다고 했다. 그러자 아버지가 물었다. 『조지 워싱턴이 누군데?』

『초대 클린턴요.』

147. 아버지 될 사람들

A film actor took his wife to the hospital for the birth of their first child. For the purpose of the film on which he had been working, the father-to-be sported a two-weeks' growth of very dark beard. While waiting anxiously, he was joined by another expectant father, a haggard young man who paced the floor for several minutes before noticing the first man sitting in a corner. When he did spot him, the young man turned pale.

"Good heavens!" he said. "How long have you been waiting?"

영화배우가 첫 아기를 해산하게 된 부인을 병원으로 데리고 갔다. 그는 출연 중인 영화에서의 분장을 위해 2주 동안 손을 대지 않은 꺼먼 턱수염으로 텁수룩했다. 얼마 후 역시 부인의 분만을 위해 그곳에 온 초췌한 청년은 몇 분 동안 복도를 서성대다가 먼저 와서 한쪽구석에 걱정스럽게 앉아 있는 사람이 있음을 눈치채게 되었다. 그런데 그 사람의 몰골을 눈여겨본 청년은 파랗게 질려버렸다.

『맙소사. 아니 얼마나 기다린 겁니까?』

148. 꽃다발

There was a bit of a mix-up at the florist shop : wrong cards were attached to two imposing floral wreaths.

The one that went to a druggist moving to an expensive new building read : "Deepest sympathy" : the one intended for the funeral of the town's leading banker read : "Good luck in your new location."

▶ imposing : 굉장한
▶ florist shop : 꽃집
▶ floral wreath : 꽃다발

꽃 가게에서의 실수로 으리으리한 두 꽃다발에 붙은 카드가 서로 뒤바뀌었다.

비싼 새 빌딩으로 이사한 약방에는 「심심한 조의」를 표하는 꽃다발이 갔고, 일류 은행가의 빈소에는 「신장한 곳에서의 행운」을 비는 꽃다발이 전달되었다.

149. 상습공갈범

"I saw you kissing my sister!"
"Here's two shillings, don't tell anyone!"
"You can have a shilling back. Why should you pay more than the others?"

『난 다 봤어. 우리 누나랑 키스하는 것 말야.』
『2실링 줄 테니 그런 소리 입밖에 내지 마.』
『1실링이면 돼. 지금까지 1실링만 받아왔으니까.』

150. 홀아비의 통곡

When Tony's wife passed away, he was almost inconsolable. At the cemetery he almost collapsed with grief; in the carriage riding back to New York his whole frame shook with wild sobs.

"Now, now, Tony," soothed his friend, "it really is not so bad. I know it is tough now, but in six months maybe you find another beautiful girl and first thing you know you get married again."

Tony turned to him in a rage. "Six months!" he shouted. "What I gonna do tonight?"

▶ pass away : 죽다
▶ inconsolable : 위로할 길 없는
▶ carriage : (일반적으로)탈것, 차
▶ frame : 체격
▶ the first thing you know : 쉽사리, 거뜬히
▶ gonna : going to

토니는 부인이 죽자 달랠 길 없이 비통해했다. 장례식에서는 몸을 가누지 못해 쓰러질 지경이었다. 뉴욕으로 돌아오는 찻속에서는 하도 흐느끼는 통에 온몸이 요동했다.

친구 한 사람이 토니를 달랬다. 『여보게 토니, 그렇게까지 슬퍼해야 할 것 없잖아? 지금 당장에는 괴로울 테지만 6개월이 지나면 또 예쁜 아가씨와 만나서 거뜬히 결혼을 다시 하게 될 수도 있는 일 아닌가?』

토니는 이 친구를 보고 노발대발하면서 소리질렀다. 『6개월이라구! 당장 오늘밤엔 어떡하구?』

151. 지능기계

Nussbaum noticed the machine while he was waiting for a train. "Your name, your weight and your fortune for one cent," read the sign. He stepped on to the scale and inserted a penny in the slot.

The card he got read, "Your name is Nussbaum and you weigh 148 pounds."

"It can't be," marveled Nussbaum. "It's an accident." He tried again. The second card read the same : "Your name is Nussbaum and you weigh 148 pounds."

A young Irishman was standing near-by. "Please," called Nussbaum, "let me treat you to this machine. It's something unbelievable."

The Irishman got on the scale. His card read, "Your name is O'Flanerty and you weigh 126 pounds."

Nussbaum couldn't get over it. Once more he tried it himself. This time his card bore a longer message. "You damn fool," it read, "you've missed your train."

▶ marvel : 놀라다, 이상히 여기다
▶ accident : 우연한 일
▶ treat : 대접하다, ~에게 한턱을 내다

기차를 기다리던 나스봄의 시선은 기계 위에 쏠렸다. 거기에는 『1센트면 이름과 체중과 신수를 말해드립니다』라고 적혀 있었다. 그는 기계 위에 올라서서 1센트를 구멍에 집어넣었다.

굴러나온 카드에는 『당신의 이름 나스봄, 체중 148파운드』라고 적혀 있었다.

『이럴 수가 있나, 우연의 일치로 맞아떨어진 것일 테지.』 그는 놀라면서 다시 동전을 집어넣었다. 똑같은 내용의 카드가 다시 굴러나왔다.

그는 옆에 있는 에이레청년을 보고 『이거 참 신기하군. 내가 돈 낼 테니 어디 올라서보시오』라고 했다.

청년이 올라서자 『당신은 오플래너티, 체중 126파운드』라는 카드가 나왔다.

나스봄으로서는 납득이 가지 않는 일이었다. 그는 또다시 올라서봤다. 이번엔 내용이 좀 길어졌다.

『이런 바보야, 기차가 떠나버렸잖아.』

152. 날치기

A young writer decided to court his girl by mail. He mailed her a proposal — by special delivery — every day for 65 days. And on the 66th day, the girl married the post man.

▶ court : 구혼하다

젊은 작가는 편지로 여자에게 구혼하기로 하고 65일간 매일같이 구혼하는 내용의 서신을 속달편으로 발송했다. 그랬더니 66일째 되는 날 그 여자는 집배원과 결혼하고 말았다.

153. 적반하장

> A worried lady drove a rather battered car into a garage. "Do you think you can fix these front fenders so my husbsand won't know I banged them up?" she inquired anxiously.
>
> The experienced garage man said, "We can't do that, lady, but we can fix them so that you can ask him tomorrow what in heck he did to them."

▶ batter : 난타하다, 두들겨 찌그러뜨리다
▶ fix : 수리하다
▶ bang up : 엉망으로 만들다

좀 심하게 부딪친 차를 몰고 자동차 수리공장에 나타난 어떤 부인의 표정은 불안스러웠다.

『우리집 양반이 봐도 내가 박치기를 했다는 것을 모를 정도로 앞 펜더를 손질해줄 수 없을까요?』하고 부인은 걱정스럽게 물었다.

공장사람은 이 방면에 경험이 많았다.

『그렇게는 할 수 없습니다, 부인. 하지만 내일 바깥양반을 보고 자동차를 어쩌다가 이 모양으로 만들어놓았느냐 뒤집어씌울 정도로는 해드릴 수 있습니다요.』

154. 윤 회

Luigi and Vincente made a solemn pact that the one who died first would make every effort to make contact with the one left on earth. Luigi was the first to go, and for months Vincente waited in vain for a word.

One day, however, as he was walking down a street, he heard a low "Vincente, my friend ! It's Luigi."

He peered frantically in every direction, but the only living thing in sight was a spindly horse, hitched to an ice-wagon.

"It's me, Luigi ! " said the horse. "Live as long as you can, Vincente, for you see what happens when you die ! This pig George makes me lug this ice-wagon around sixteen hours a day ! "

"But, Luigi," protested Vincente, "you can talk. Why don't you raise hell with him."
"S-s-s-h," cautioned Luigi. "For God's sake, don't let him know I can talk. He'll have me hollering 'Ice.'"

▶ in vain : 보람 없이

▶ spindly : 가늘고 긴, 호리호리한

▶ lug : 힘껏 끌어당기다, 질질 끌다

루이기와 빈센트는 둘 중에서 먼저 죽는 사람이 어떻게 해서든지 살아 있는 사람에게 연락을 하기로 굳게 약조했다. 루이기가 먼저 세상을 뜨자 빈센트는 몇달 동안 연락을 기다렸으나 허사였다.

그러던 어느 날 길을 걷고 있는데

『이봐 빈센트, 나 루이기야』라는 나직한 소리가 들렸다.

그는 열심히 사방을 두리번거렸으나 눈에 띄는 생물이라고는 얼음차를 끌고 있는 비쩍 마른 한 마리의 말뿐이었다.

『나 루이기야. 죽으면 요런 꼴이 되니 되도록 오래오래 살라구. 돼지 같은 조지놈은 하루에 열여섯 시간이나 이 얼음차를 끌고다니게 한다네.』

『하지만 자네는 말할 수 있잖아? 왜 한바탕 소란이라도 피우지 그러나.』 빈센트가 이의를 제기했다.

『조용히! 내가 말할 수 있다는 걸 알게 되면 큰일난다구.「얼음 사려!」하는 고함소리까지도 내가 할 일이 될 걸세.』

155. 장광설

Is your minister inclined to make his sermons too lengthy? Remind him of this story of Mark Twain's :

"I once heard a preacher who was powerful good. I decided to give him every cent I had with me. But he kept at it too long. Ten minutes later I decided to keep the bills and just give him my loose change. Another ten minutes and I was darned if I'd give him anything at all. Then when he finally stopped, and the plate came around, I was so exhausted, I extracted two dollars out of sheer spite."

▶ be inclined to : ~하고 싶어하다
▶ powerful : (미국속어)very
▶ loose change : 잔돈
▶ be darned if : 절대로 ~하지 않는다

목사님께서 설교를 너무 길게 하려 드신다구요? 그럼 마크 트웨인의 다음과 같은 이야기를 상기시켜드리세요.

『나는 꽤 괜찮은 목사의 설교를 들은 적이 있었어요. 그의 이야기를 들으면서 나는 내가 가진 돈을 몽땅 그에

게 내주기로 작정했습니다. 그런데 이야기가 너무 길어
지더군요. 10분이 지났을 무렵 나는 지폐는 뒤두고 동전
만을 줘야겠다고 마음먹게 되었습니다. 다시 10분이 경
과했을 무렵에는 한 푼도 줄 수 없다는 생각이 들더군
요. 그리하여 마침내 그의 이야기가 끝나서 헌금함이 돌
아왔을 무렵에는 나는 지칠 대로 지쳐서 괘씸한 나머지
헌금함에서 2달러를 집어냈습니다.』

156. 배 짱(Ⅰ)

"Why do you work so hard?"
"It's only because I haven't the nerve to
steal."

▶ nerve : 담력, 배짱

『자네 어째서 그렇게 부지런히 일하나?』
『도둑질할 만한 배짱이 없다보니 이럴밖에….』

157. 팁

A wealthy patron once checked his imposing fur-lined winter overcoat at a busy, brash Broadway night club.

When he sought to retrieve it, the check girl couldn't find it in her overcrowded cubicle. The patron stood around impatiently for a half hour, and finally strode out into a snowstorm without it. The girl called after him, "Hey, you cheap skate! No tip?"

▶ cubicle : 칸막이된 작은방
▶ cheap skate : (미국속어) 구두쇠

돈 많은 손님이 북적거리며 도도하게 구는 브로드웨이의 나이트클럽에서 속에 털이 달린 비싼 방한 코트를 보관소에 맡겼다.

클럽에서 나오면서 그는 보관소로 갔다. 담당아가씨는 옷더미를 이리저리 뒤졌으나 그의 코트를 찾아내지 못했다.

한 시간 동안 서성대던 손님은 참다 못해 코트를 포기한 채 눈보라치는 바깥쪽으로 향했다. 그러자 아가씨가 그의 뒤통수에 대고 소리질렀다.

『요런 얌체 같으니라구. 그래 팁도 안 주고 가버리기냐구요.』

158. 비(非) 인술

Physician : "I hear you operated on an old moneybags just in the nick of time?"
Surgeon : "Yes. In another couple of days he would have recovered."

▶ moneybags : 부자
▶ in the nick of time : 아슬아슬한 때에, 꼭 알맞은 때에

의사 :『자네 아슬아슬하게 시간을 맞춰 부자영감한테 수술을 해줬다면서…?』
외과의 :『그래. 이틀만 늦었으면 그만 병이 나아버릴 뻔 했어.』

159. 속물근성

At a social affair in Vienna years ago a Viennese snob said, in the presence of an Englishman, that it was strange that all the best company in the city spoke French, but not the English. The Englishman said, "My dear man, that is not at all surprising. After all, the French army has not twice visited to England to teach us their language, as they have Vienna."

오 래 전에 국제도시 빈의 사교모임에서 있었던 일이다. 그 고장의 속물 하나가 영국사람이 듣는 자리에서 빈의 최고급모임에서는 한결같이 영어가 아니라 프랑스어가 사용되니 이상한 일이라고 말했다. 그러자 영국사람이 한 마디 했다. 『이보세요, 그건 조금도 이상할 것 없는 일입니다. 결국 따지고 보자면 프랑스 군대는 그들의 말을 가르치려고 두 번이나 이곳에 다녀 갔지만 우리 영국엔 오지를 않았더란 말입니다.』

160. 징병기피

Trying to avoid going into the army, a young man took his physical exam wearing a pair of thick glasses. The doctor said : "Read the top line on the chart."

"What chart?" asked the draft dodger. "Sit down on the chair and I'll show you," said the doctor.

"What chair?" again asked the young man.

The fellow was given a deferment. That evening when the lights went on at the end of a movie he was watching, he found himself sitting next to the army doctor who had examined him that afternoon.

"Excuse me, sir," he said. "Does this bus go to Bakersfield?"

▶ deferment : 연기, 보류

병역기피를 꾀하고 있는 청년이 두툼한 안경을 끼고 신체검사를 받았다. 의사는 『이 표의 맨 윗줄을 읽어봐요』라고 했다.

『무슨 표 말입니까?』하고 징병기피자는 물었다.

『의자에 앉아요. 내가 보여줄 테니』라고 군의관은 말했다.

『어떤 의자말입니까?』하고 그는 다시 물었다.

이리하여 그는 징집이 연기되었다.

그 날 밤 영화구경갔던 그는 영화가 끝나고 불이 켜지자 바로 옆자리에 낮에 그를 검진했던 군의관이 앉아 있음을 눈치채고 이야기를 걸었다.

『죄송합니다만, 이 버스 베이커필드로 가는 겁니까?』

161. 미인의 허탈감

A popular belle whose beauty had made her one of the most sought-after women in the state of Louisiana finally accepted the proposal of one of her most persistent suitors.

"How does it feel to be engaged?" asked one of her closest friends.

"I feel just like a man must feel after he has built up his business and then finds himself about to go into the hands of a receiver," she replied.

▶ belle : 미인, 특히 매력 때문에 남자들 사이에서 인기가 있는 여자
▶ the most sought-after woman : 구혼대상으로 가장 인기 있는 여자
▶ suitor : 구혼자
▶ receiver : (파산된)재산의 관리인, 인수자

미국 루이지애나주에서 많은 사내들의 동경의 대상이 되었던 인기 있는 미인이 마침내 가장 끈덕지게 구혼해온 사람 가운데서 한 사람을 골라잡았다.

『약혼을 하고 나니 기분이 어때?』하고 매우 친한 친구가 물었다.

『기업을 일으켜놓고 나서 파산지경에 이르러 그것을 청산해야 할 형편에 처하게 된 사람이 느낄 법한 그런 심정이야.』

162. 처칠의 사위

An actor was once married to Winston Churchill's daughter, Sarah. Churchill was not overly fond of the young man who insisted upon calling Churchill "Papa" to the latter's extreme annoyance. One day toward the end of World War II the son-in-law said to Churchill, "Papa, who do you think was the greatest statesman of World War II ?"

"Mussolini," said Churchill, "because he had the guts to shoot his son-in-law."

▶ to the latter's extreme annoyance : 후자(처칠)가 극도로 약이 오르도록

윈스턴 처칠의 딸 사라는 배우와 결혼한 적이 있었는데 처칠은 그 사위가 별로 마음에 들지 않았다. 특히 녀석이 악착스럽게 「파파」라고 불러대는 것이 딱 질색이었다.

제2차 세계대전이 끝날 무렵의 어느 날 사위녀석은 처칠에게 물었다.

『파파, 제2차 세계대전 중 가장 위대했던 정치가는 누구였다고 보세요?』

『그야 무솔리니지. 사위에게 총을 쏠 정도의 배짱이 있었던 사람이니까.』

163. 외출금지

A prominent Wall Street banker was leaving his home in White Plains to catch the 9 : 15 when his wife called out, "Please take my shoes and leave them at the Grand Central repair shop on your way to the office."

The banker took the shoes under his arm without bothering to wrap them, and swung aboard the train with his mind teeming with details of million-dollar deals. A fellow commuter noted the shoes and boomed enthusiastically,

"That's the way to do it, Joe. Don't let her gad about."

▶ White Plains : 뉴욕주 동남부에 있는 도시
▶ teem with : ~으로 가득하다
▶ a fellow commuter : 같은 차로 통근하는 사람
▶ boom : 큰 소리로 말하다
▶ gad about : 나다니다, 쏘다니다
▶ Joe : 여보, 형씨(이름을 모르는 사람을 부르는 말)

뉴욕의 월스트리트에 은행을 가진 한 저명한 은행가가 9시 15분발 열차에 타려고 화이트 플레인즈에 있는 집을 나서는데 부인이 뒤에서 소리질렀다.

『내 구두 가지고 가셔서 출근길에 그랜드 센트럴역에 있는 구두수선점에 맡겨주세요.』

은행가는 부인의 구두를 싸지도 않은 채 겨드랑이에 끼고 나갔다. 차에 몸을 맡긴 채 흔들리면서 은행으로 향하는 그의 머리는 거액 거래들의 세부사항에 관해서 궁리하기에 바빴다. 함께 출근하던 한 사람은 은행가가 들고 나온 여자구두를 눈여겨보고는 감탄을 하면서 떠벌렸다.

『형씨, 거 참 잘하시는군요. 그렇게 해서 밖에 나다니지 못하게 해야죠.』

164. 상 술

A young man stopped into a clothing store to ask the price of a suit on display in the window.

"You picked the best suit in the place," said the merchant approvingly, "and to show you that I like to do business with a man who has such good taste, I am going to make you a special proposition. I wouldn't ask you $62 for the suit. I wouldn't ask you $52. I wouldn't ask you $42. $32 is my price for you, my friend."

The customer replied, "I wouldn't give you $32 and I wouldn't give you $22. My offer is $12."

"Sold," said the merchant. "That's the way I like to do business. No chiseling."

▶ approvingly : 찬성하여, 공감하여, 감탄하여
▶ chisel : (속어)속이다, 사기하다

의류점에 들어선 청년은 쇼윈도에 걸려 있는 양복 한 벌을 가리키면서 값을 물었다. 상점주인은 좋은 물건을 잘 골랐다고 감탄하는 투로 말했다.

『우리 가게에서 제일 좋은 물건을 골라잡으셨군요. 그

처럼 물건을 볼 줄 아는 안목을 가진 분을 모셨을 때의
내 기분을 보여드리기 위해서 아주 특별한 값으로 모셔
야겠습니다. 62달러 다 내시라고는 않겠습니다. 52달러
를 달라고도 않겠습니다. 42달러도 아닙니다. 손님한테
서 받을 값은 32달러면 됩니다.』

　손님이 응수했다.

　『나는 32달러도 낼 수 없고 22달러도 낼 수 없어요.
내가 낼 수 있는 값은 12달러입니다.』

　『좋아요, 그렇게 합시다. 이거야말로 내 마음에 드는
장사방식이라구요. 아무런 속임수도 없이 말입니다.』

165. 무육일

A Catholic missionary, after laboring for years among the cannibals of New Guinea, was finally given an assistant. The young priest felt some misgivings about his assignment, and when he reported to his superior he remarked : "I've heard the natives don't take very readily to religion. How do you get along with them?"

"Not so well as I'd hoped," admitted the missionary. "But I seem to be making progress. On Fridays now the cannibals eat only fishermen."

▶ missionary : 선교사, 전도사
▶ labor : 힘을 다하다, 애쓰다, 고생하다

▶ misgivings : 걱정, 불안
▶ assignment : 임명, 할당된 일
▶ take to : ~에 정들다, ~이 마음에 들다
▶ cannibal : 식인종

뉴기니의 식인종들을 찾아가서 여러 해 동안 선교 활동을 벌인 가톨릭 선교사에게 마침내 조수가 배속되었다. 새로 온 젊은 신부는 자신이 할 일에 대해 적이 불안을 느끼고 있었는데 선임자에게 부임신고를 하면서 이렇게 말했다.

『원주민들이 쉽사리 종교를 받아들이지 않는다던데 그 사람들하고 해나가기가 어떻습니까?』

『생각했던 것처럼 쉽지가 않아요』하며 어려움을 실토한 선임선교사는 다음과 같이 덧붙였다.

『하지만 진전은 있는 것 같아요. 요즘은 이 사람들, 금요일에는 어부만을 먹는답니다.』

166. 최고급

A Hollywood hotel is so swanky that you have to wash your clothes before sending them to the laundry.

▶ swanky : (속어)멋진, 화사한

할리우드의 어떤 호텔은 어찌나 고급인지 손님들은 세탁물을 미리 빨아가지고 세탁하러 보내야 한다.

167. 엿보기

"Aren't you dressed yet?" brother called.
"Oh dear," sister said to herself. "I must have left the key in the keyhole."

『아직 옷 덜 입었어?』 하고 남동생이 밖에서 소리쳤다.
『저런, 내가 열쇠를 열쇠구멍에 그대로 꽂아둔 게로군』 하고 누나는 혼잣말을 했다.

168. 각개격파

In court before the judge was a lovely young girl accused of selling her love. But the judge and the jury of 12 good men finally dismissed the case… not enough evidence.

That night the judge sneaked down to her house and bashfully admitted his desire for her, begging her please to tell no one.

"That's all right, Judge, nothing to worry about… I took care of the whole jury all afternoon," said the girl.

▶ sell her love : 사랑을 팔다, 매춘행위를 하다
▶ bashfully : 수줍어하면서, 얼굴을 붉히면서

예쁜 아가씨가 매춘행위를 한 혐의로 불려나왔다. 그러나 판사와 12명의 배심원들은 증거가 불충분하다는 이유로 결국 사건을 기각하고 말았다.

그 날 밤, 판사는 사람들의 눈을 피해가면서 그 여자를 찾아갔다. 얼굴을 붉히면서 그녀에 대한 욕정을 실토한 그는 제발 아무에게도 이야기를 퍼뜨리지 말아달라고 통사정을 했다.

『괜찮아요. 조금도 걱정하실 것 없어요…. 오늘 오후 내내 배심원 전원이 다녀갔는걸요 뭐.』

169. 휴 가

Irate wife, during a Florida vacation, to husband, who is reading : "One hundred dollars a day and you're reading a book ! "

▶ irate : 성난

플로리다에서 휴가 중인 한 쌍의 부부, 부인은 책을 읽고 있는 남편을 보고 짜증을 냈다.

『하루에 100달러씩이나 들여가면서 겨우 책이나 읽고 있어야 해요 ! 』

170. 명문교

> One hundred young ladies enrolled in an exclusive girl's school. The headmistress called them together one morning and said, "Rumor has it a man is hiding somewhere in the building…."
>
> Ninety nine students gasped, one giggled. "Also," the headmistress continued, "the rumor states that this intruder has been seducing one of our young ladies…."
>
> Ninety nine students gasperd, one giggled. "Furthermore," the headmistress said, "I found a condom on the floor last night and it had a great big hole in it!"
>
> Ninety nine students giggled, one gasped.

▶ exclusive : 고급의, 명문의
▶ headmistress : 여교장
▶ Rumor has it~ : ~라는 소문이 있다
▶ gasp : (놀라움 따위로)숨을 헐떡이다

100명의 아가씨들이 명문여학교에 입학했다. 어느 날 아침 여교장선생님은 학생들을 불러놓고 이야기를 했다.

『학교건물 안 어딘가에 남자 한 사람이 숨어 있다는

소문입니다…』

이 소리를 듣자 99명의 학생들은 깜짝 놀랐으나 한 학생만은 히죽거렸다.

『그리고 이 남자는 우리 학생 한 명을 꾀어내고 있다는 겁니다…』하며 교장선생님은 이야기를 계속했다.

역시 99명은 깜짝 놀랐으나 한 학생만은 히죽거렸다.

『그런데 어젯밤에 나는 콘돔 하나가 굴러다니는걸 발견했는데 거기엔 아주 큰 구멍이 나 있었어요.』

이 소리에 99명은 깔깔대고 웃었으나 나머지 한 명은 깜짝 놀랐다.

171. 도둑의 헛수고

Minister's wife : "Wake up ! There are burglars in the house."
Minister : "What of it ? Let them find out their mistake themselves."

▶ burglar : 도둑
▶ What of it ? : 그것이 어쨌다는 말인가(대수롭지 않은 일이라는 뜻)

목 사부인 : 『일어나세요. 도둑이 들었어요.』
목사 : 『그래서 어쨌다는 거요. 스스로 잘못을 깨닫게 내버려둬요.』

172. 애국심(Ⅱ)

In front of a pub in London, two elderly ladies stopped to pass the time of day. "What's this I hear about somebody droppin' dead up your way?" asked one.

"Yes, happened right outside my place," replied the other. "A good bit of excitement for a while, but it wasn't as bad as we thought. Just a tourist."

▶ pub : (영국의)선술집(public house의 준말)
▶ pass the time of day : 인삿말로 몇 마디 주고 받다.
▶ drop dead : 갑자기 쓰러져 죽다
▶ right outside~ : 바로 ~밖에서
▶ a good bit : 꽤 많은

런던의 한 선술집 앞에서 늙은 두 부인네가 발걸음을 멈추고는 시체 이야기를 나누었다.

『그쪽 동네에서 누군가가 갑자기 쓰러져 죽었다던데 그게 웬 이야기입니까?』하고 한 사람이 물었다.

『네에, 그게 바로 우리집 앞에서 있었던 일입니다. 한동안 꽤 뒤숭숭했었는데 알고보니 별일이 아니더군요. 관광객 하나가 죽은 걸 가지고 그 야단들이었지 뭡니까.』

173. 은혼식

A man called at the Citizens' Advice Bureau and asked to have his wife traced. It seemed that they had parted 3 days after their wedding nearly 25 years before, and hadn't seen each other since. Asked whether he was thinking of divorce, the man replied, "Oh, no. I was just thinking it would be nice to get together to celebrate our silver anniversary."

▶ citizens' advice bureau : 시민상담실
▶ trace : 추적하다, 찾아내다
▶ part : 헤어지다

시민상담실을 찾은 한 남자가 부인을 찾아달라고 했다. 근 25년 전에 결혼했던 두 사람은 결혼한 지 사흘 만에 헤어졌는데 그 뒤로 한 번도 만나지 못했다는 것이었다. 그래서 담당직원은 이혼수속 때문에 부인을 찾고 있는 것이냐고 물었다.

『천만의 말씀. 나는 다만 이제 만나서 은혼식을 축하하게 된다면 그럴싸하지 않겠나 싶어서 그러는 겁니다요.』

174. 얌 체(Ⅰ)

The bylaws of a large corporation provided that a substantial sum of money be set aside and divided equally among all the directors who attended the meetings of directors. Since all the directors were wealthy and busy, it was unusual for more than the necessary quorum to be present at any one meeting.

But at one particular meeting all fifty directors showed up during a raging blizzard. Each director, believing the weather would discourage the other directors, went to the meeting in order to get a larger share of the money to be divided among those present.

▶ bylaw : (회사의)정관, 내규
▶ provide that : ～라고 규정하다
▶ set aside : 제쳐놓다, 마련해놓다

어떤 큰 회사에서는 이사회 경비조로 상당한 금액을 책정해놓고 이사회가 열릴 때마다 거기에 참석하는 모든 이사들에게 그 돈을 균등하게 나누어주도록 정관에 규정해놓고 있었다. 이사들은 모두가 부자였고 게다가 바쁜 사람들이었으므로 회의가 있을 때마다 겨우 성원을 이룰 정도의 인원만이 참가하는 것이 보통이었다.

그런데 눈보라가 휘몰아치는 어떤 날에 소집된 이사회에는 50여 명의 이사들이 빠짐없이 나왔다. 날씨가 고약해서 회의에 나오는 사람들이 없을 터이니 출석이사들만이 나눠먹기로 되어 있는 돈을 왕창 받아낼 양으로 이 날만은 너나 할 것 없이 회의에 나왔던 것이다.

175. 배 짱(Ⅱ)

The jealus housewife was outraged when her husband came home late one evening smeared with lipstick and smelling of cheap perfume.

"You've got a lot of nerve," she sobbed, "coming home like this and telling me you were working late at the office."

"That's ridiculous," he replied. "If I had a lot of nerve, I'd tell you the truth!"

▶ jealous : 질투가 많은
▶ outrage : 분격케 하다
▶ smear : 칠하다, 더럽히다
▶ perfume : 향수
▶ nerve : 담력, 뻔뻔스러움

남편이 어느 날 밤늦게 온통 연지를 묻혀가지고 싸구려 향수냄새를 풍기면서 집에 돌아오자 질투심에 사로잡힌 부인은 분통을 터뜨렸다.

『이런 꼴을 하고 돌아와서 사무실에서 늦게까지 야근

을 했다니 당신 참 배짱하나 좋구려』 하고 아내는 흐느 꼈다.

『바보 같은 소리 말아요. 진짜로 배짱이 좋다면 사실 대로 말하지 뭣 때문에 딴소리 하겠냐구요.』 남편이 응 수했다.

176. 독창성

A certain private in the United States Army during World War Ⅱ could do nothing by army standards — he was out of step, sloppy, careless about discipline, apparently lazy, hopeless as a soldier. He went overseas with a combat unit. His captain, worried about having such a poor soldier in his company, dreaded to give him a mission with other men, for fear he would let them all down and ruin the whole operation. So the captain sent him out on a solitary patrol, half hoping he would not come back.

When the GI had not returned by daylight and the captain was getting ready to report the man as missing, the GI showed up with a big batch of prisoners. The astonished officer congratulated him and then asked him, "How come?"

The GI smiled and said, "I know what you think, Captain, but it's just that I like to be in business for myself."

▶ do by army standards : 군대식으로 하다
▶ sloppy : 단정치 못한
▶ discipline : 규율
▶ let down : 실망시키다, 용기를 잃게 하다
▶ a big batch of : (여럿으로 구성되는)한 무리의, 한 떼의
▶ be in business for oneself : 스스로 일을 하다

제2차 세계대전 중 미군에 입대한 한 졸병은 뭐 한 가지 군대식대로 하는 것이 없었다. 보조를 맞추지 못하고 옷차림이 단정치 못하며 규율에도 신경을 쓰지 않아, 분명히 게으름뱅이로 보였으며 한 마디로 군인으로서는 싹수가 없었다.

그는 전투부대에 배치되어 해외로 나갔다. 이처럼 한심스런 친구를 자기중대에 배정받은 대위로서는 다른 대원들의 기를 죽여 작전을 온통 망쳐버릴 것이 걱정되어 그를 작전에 참가시킨다는 것 자체가 소름끼치는 일이었다. 그래서 그가 죽어버렸으면 하는 일말의 희망을 품고 문제의 졸병에게 혼자 나가서 정찰하고 오라고 시켰다.

저녁 무렵까지도 돌아오지 않아 중대장이 실종자로 처리하려고 하는 순간 문제의 졸병은 여러 명의 포로를 거느리고 나타났다. 깜짝 놀란 대위는 그의 공로를 치하하면서 영문을 물었다.

『중대장님이 생각하는 바는 잘 알고 있습니다만 우리는 제멋대로 일을 해야 하는 성미라서요』하며 그는 웃음지었다.

177. 금혼식

The old couple, celebrating their 50th wedding anniversary, went to the same hotel and same room.

"Paw," said the old lady. "Remember how anxious you were on our wedding night?"

Paw smiled and said, "I sure do, Maw… I was so anxious you didn't have time to take your stockings off. But tonight you've got time to knit yourself a pair!"

▶ paw : (미국속어)papa
▶ maw : (미국속어)mamma
▶ anxious : 몹시 ~하고 싶어하는

결혼 50돌을 맞은 늙은 부부는 그날을 기념하기 위해 50년 전에 신혼여행 갔던 바로 그 호텔의 같은 방에 투숙했다.

『여보 영감, 첫날 밤에 당신이 얼마나 급하게 굴었던지 기억나요?』 하고 할머니가 말했다.

『기억나다마다. 하도 급하게 구는 바람에 임자가 미처 스타킹을 벗을 겨를조차 없었지. 하지만 오늘밤엔 스타킹을 뜨개질해내도 될 만큼 시간이 넉넉하니 서둘 것 없어요.』 할아버지는 미소를 머금고 말했다.

178. 역 습

During a luncheon at Sardi's in New York's theatrical district, an actress, noted for her jealousy, looked at Beatrice Lillie and said, "I dread the thought of life at forty-five."

"Oh," said Miss Lillie, "what happened to you then?"

▶ theatrical district : 극장가
▶ noted for : ~로 유명한
▶ jealousy : 질투, 시기
▶ Beatrice Lillie : 왕년의 미국 여자 코미디언
▶ dread the thought of : ~을 생각만 해도 겁이 난다(45세 된 릴리를 보고 이같은 소리를 했으니 그 여배우를 45세가 더 된 여자로 취급해서 역습한 것)

뉴욕의 극장가에 있는 레스토랑에서 오찬이 한창 진행되고 있었다. 질투심이 많기로 유명한 한 여배우가 비트리스 릴리를 바라보더니 말했다.
『나이 마흔다섯의 인생이란 생각만 해도 끔찍해요.』
『그래요? 그 나이에 어떤 일이 있었기에요?』

179. 장 모(Ⅱ)

Warren's mother-in-law had passed away, and he called an undertaker friend to find out whether she should be embalmed, cremated or just buried. Without hesitation the friend replied, "All three. Take no chances."

▶ undertaker : 장의사
▶ embalm : (시체를)향료·약품으로 처리하여 썩지 않게 하다
▶ cremate : 화장하다
▶ take no chances : 위험을 피하다, 도박을 피하다(서양유머에서 장모는 대체로 귀찮은 존재로 취급되고 있다. 그러니 되살아나지 못하도록 철저하게 손을 쓰라는 익살이다)

장모님이 돌아가시자 워렌은 장의사를 경영하는 친구에게 전화를 걸어 시체를 방부제로 처리하는 것이 좋겠는지, 화장하는 것이 좋겠는지, 아니면 간단히 매장해 버리는 것이 좋겠는지를 물었다. 그랬더니 친구는 서슴지 않고 대답했다.

『세 가지를 다 하게나. 조금도 후환이 없게 말일세.』

180. 탈 진

One afternoon, two women met on the golf course. In addition to belonging to the same country club, they had one thing more in common : one had recently married the ex-hus band of the other.

The original wife spoke up. "Although we didn't get along, I must admit he was an ardent lover. When it came to making love, he was dynamite."

"Well," complained the present wife, "he may have been dynamite to you, but he must have blown his fuse ! "

▶ have one thing more in common : 또 하나의 공통점이 있다
▶ ex-husband : 전(前)남편
▶ original wife : 첫부인, 전부인
▶ get along : 잘 어울리다, 의좋게 지내다
▶ an ardent lover : 여자를 정열적으로 사랑하는 남자

어느 날 오후 두 여인이 골프장에서 만났다. 두 사람은 같은 컨트리클럽의 회원이라는 점 말고도 또 하나의 공통점을 가지고 있었는데 그중 한 사람이 얼마전에 상대편의 전남편하고 결혼하여 같은 남자를 남편으로 가진 사실이 그것이었다.

전부인이었던 여자가 말했다.

『우리 두 사람은 잘 어울리지 못했지만 그 양반의 정력만은 알아줘야 해요. 잠자리에서는 마치 다이너마이트와도 같았으니까요.』

『글쎄요. 당신하고 살았을 무렵에는 다이너마이트였는지 모르지만 그만 퓨즈가 나가버렸나 보죠』하며 지금의 부인이 불평을 토로했다.

181. 부실업체

> "Well, I'm in for it now," sighed the husband as he sank into a chair at home after he arrived from work.
>
> "What is wrong, dear? Don't tell me you're fired!"
>
> "Oh, no," said the husband despondently. "It's worse than that. The boss is retiring and is giving me the business."

▶ be in for it : (구어)이러지도 저러지도 못할 지경에 처하다, 곧 싫은 일을 겪어야 하다

▶ despondently : 의기소침해서, 풀이 죽어서

『꼼짝없이 걸려들었어.』일을 마치고 집에 돌아온 남편은 의자에 주저앉으면서 탄식조로 말했다.

『여보, 뭐가 잘못돼서 그래요? 설마하니 파면당한 건 아닐 테죠?』

『천만에. 차라리 파면당했으면 좋겠어. 사장이 물러나

면서 회사일을 나한테 떠맡기고 있단 말이오.』 남편은
의기소침해서 말했다.

182. 미혼녀의 임신

"Mrs. Smith," the doctor told the woman
he had just examined, "I have good news for
you."

"I'm glad to hear that," the young lady
replied, "but I'm Miss Smith."

"Miss Smith," the doctor went right on, "I
have bad news for you."

▶ examine : 진찰하다
▶ go right on : 똑바로 가다, (이야기 따위를)곧장 계속하다

의사는 방금 진찰을 마친 젊은 여자를 보고 말했
다.

『스미스 부인, 기쁜 소식입니다.』

『그러세요. 하지만 전 아직 미스입니다』 하고 여자는
미혼임을 밝혔다.

『미스 스미스, 그렇다면 이건 반갑잖은 소식인데요』라
고 의사는 이야기를 계속했다.

183. 돈벌이 백태

Panhandler : "Actually, I'm an author. I once wrote a book entitled '100 Ways to Earn Money'."
Businessman : "Then, why are you begging?"
Panhandler : "It's one of the ways."

▶ panhandler : (미국 구어)거지
▶ author : 저술가

거지 :『이래봬도 난 글쓰는 사람입니다요. 「돈벌이 백태(百態)」라는 책을 저술한 적도 있는뎁쇼.』
비즈니스맨 :『그럼 어째서 구걸을 하는 거요?』
거지 :『이것도 돈버는 방법의 하나인걸요.』

184. 잠꼬대(Ⅰ)

Doctor : "So it worries you when your husband talks in his sleep."
Housewife : "Yes, doctor, he is so indistinct!"

▶ indistinct : 뚜렷하지 않은, 희미한

의사 :『그러니까 주인께서 잠꼬대 하는 것이 걱정
이란 말씀이시죠?』

가정주부 :『네에 선생님. 무슨 소리를 하는지 어디 알
아들을 수가 있어야죠.』

185. 공무 집행

> The detective went to a theater to investi-
> gate a theft.
> "Do you know anything about it?" he
> asked a chorus girl wearing a feather and not
> much more.
> "You can search me," she replied.
> "Business before pleasure," he growled.

▶ feather : 깃털

▶ You can search me. : 내 몸을 수색할 수 있다, 내 몸을 더듬어봐도
좋다(그런데 이 말은 미국 구어로는 「나는 아무것도 모른다」는 뜻으
로도 쓰인다)

▶ growl : (성이 나서)으르렁거리다

형사 한 사람이 도난사건을 조사하기 위해 극장으
로 갔다. 그는 깃털 말고는 거의 몸에 걸친 것이
라고는 없는 한 합창단소녀를 보고 물었다.

『이 사건에 관해 뭐 아는 게 없어요?』

『난 몰라요.. 더듬어보면 알 것 아닙니까?』

『난 지금 재미보러 온 것이 아니라 공무집행하러 온
거라구요』 하며 형사는 볼멘 소리를 했다.

186. 남성해부학

At spring cleaning time, the fraternity house sent all its window curtains off to the laundry. The sorority next door sent over this angry note :

"Please drape yourselves, fellas. We don't need a course in Male Anatomy."

The boys wrote back : "But the course is not compulsory."

▶ fraternity house : (대학의)남학생회관
▶ sorority : 여학생클럽
▶ drape oneself : 피륙(가운 따위)을 걸치다
▶ fellas : fellows
▶ anatomy : 해부, 해부학
▶ compulsory : 의무적인, 필수적인

봄철 청소기를 맞아 어느 대학의 남학생회관에서는 창문커튼을 죄다 세탁소로 보냈다. 그랬더니 바로 이웃에 위치한 여학생회관으로부터 성난 항의서가 날아들었다.

『이봐, 제발 옷들을 걸치고 있어 달라구. 우리는 남성해부학공부 따윈 필요 없단 말야.』

남학생들은 회신을 보냈다.

『하지만 이건 필수과목은 아니란 말야.』

187. 견원지간

The suburbanite and his neighbor were constantly trying to outstatus each other. One day, the first man mentioned smugly that his daughter had just been accepted for admission by a fashionable women's college.

"That's nice," replied the other, "but the only thing the girls really learn at that place is how to screw."

"I'll have you know that my wife went to that school!" retorted the fellow.

"Did she?" came the answer. "Take it from me, she certainly could use a refresher course."

▶ outstatus : 신분이나 지위에서 남을 능가하다
▶ accept for admission : 받아들이기로 하다, 입학(입회)시키다
▶ fashionable : 일류의
▶ screw : (속어)성교하다
▶ Take it from me. : (미국 속어)내 말을 믿게, 정말이야

교외에 사는 두 이웃은 서로간에 기회만 있으면 더 잘났다고 으스대기에 정신이 없었다. 하루는 한쪽집 남자가 그의 딸이 명문여자대학에 합격했다고 우쭐했다. 그러자 이웃집 남자가 응수했다.

『거 참 잘 됐군요. 한데 그 학교에서 계집아이들이 제

대로 배우는 것이 있다면 남자하고 성관계하는 것 정도
랍니다요.』

『우리 집사람이 그 학교를 나왔다는 사실을 알려드려
야 겠네요』 하고 받아넘겼다.

『그러시군요. 그렇다면 내 말 들으세요. 부인께서는
꼭 재교육을 받아야해요.』

188. 대　학

"Don't talk to me about college!" boasted
the self-made man. "Look at me! Do you
think for a minute that I'd have been any
more successful than I am now had I gone to
college?"

"Perhaps not," said the professor. "But you
would probably have been less inclined to
brag about it."

▶ self-made man : 자수성가한 사람

▶ had I gone to college : If I had gone to college

▶ less inclined to : ~하려는 경향이 덜한

▶ brag : 자랑하다

『대』학 이야기 따위는 아예 입밖에도 내지 마세요.
나를 보시라구요. 어디 대학엘 다녔다면 지금
보다 더 성공했으리라고 할 수 있겠느냐 말입니다.』 자
수성가한 사람이 우쭐대면서 이같이 말했다.

『그야 그렇게 말할 수도 있겠죠. 하지만 자신이 성공한 사실을 가지고 그처럼 대견스럽게 자랑삼으려 들지는 않을 것 같다는 말입니다』 하고 대학교수가 응수했다.

189. 결혼 25년

A college freshman wrote his father to announce that he'd landed a part in the school play. "I play a man who's been married for 25 years," the student wrote.

"Congratulations, son," his father wrote back. "Keep up the good work and next year maybe they'll give you a speaking part."

▶ a college freshman : 대학 1학년생
▶ land : (구어)(노력의 결과로)획득하다
▶ school play : 학교연극
▶ keep up : 계속하다
▶ a speaking part : 대사가 있는 역

대학에 진학한 아들이 학교연극에 출연하게 되었다고 아버지에게 편지로 알렸다.

『저는 결혼한 지 25년된 남편의 역을 맡고 있습니다.』
아버지는 회신을 보냈다.

『축하한다. 계속해서 노력해 보렴. 그러면 명년에 가서는 벙어리를 면하게 해줄는지도 모를 일이 아니냔 말이다.』

190. 미인계(Ⅱ)

"I need a vacation," exclaimed the pretty cashier. "I'm not looking my best." "Nonsense," replied her boss. "It isn't nonsense," answered the pretty young miss, "The men are beginning to count their change."

▶ look one's best : (모습이)최고로 돋보이다
▶ cashier : 출납계

『저의 매력이 제대로 나타나지를 않나본데 저 휴가가 다녀와야겠어요』하고 카운터에서 일보는 예쁜 아가씨가 말했다.

『얼빠진 소리 말어』하고 지배인이 일축했다.

『얼빠진 소리가 아니에요. 남자손님들이 거스름돈을 건네주면 헤아리기 시작한걸요.』

191. 만 취

The fire chief watched firemen extinguish a blaze in a boarding house, and carry to safety the intoxicated gent in whose room the fire had originated.

"Confound it !" roared the chief, "Haven't you got sense enough not to smoke in bed when you're in this condition ?"

The drunk protested mournfully, "Honest, Chief, I didn't set fire to that bed. It was burning already when I got into it !"

▶ fire chief : 소방서장
▶ boarding house : 하숙집
▶ intoxicated : 술에 취한
▶ originate : 발생하다
▶ Confound it ! : 망할 자식 !
▶ have got sense enough to : ~할 정도의 지각이 있다

하숙집 화재현장으로 달려간 소방서장은 소방관들이 진화작업을 하면서 불이 처음 났던 방으로부터 곤드레가 된 남자를 구조해내는 것을 지켜보았다.

『이런 빌어먹을 것 같으니라구. 그 지경으로 취해가지고 잠자리에서 담배를 피우니 불이 안 날 리가 있나?』 소방서장은 고함을 질렀다.

그러자 주정뱅이는 애처롭게 항변을 했다.

『정말입니다 서장님. 그 침대엔 내가 불을 붙인 것이 아닙니다요. 내가 드러누웠을 때 그 침대는 이미 타고 있더란 말입니다.』

192. 구두쇠(Ⅱ)

It was the McNab family's turn to invite the McNiesh's to supper. McNab phoned up McNiesh. "What are you doing tonight?" he asked.

"Nothing," answered McNiesh quickly.

"And tomorrow?"

"Nothing either!"

"What about the day after?"

"We haven't anything planned for then either!"

"And Saturday?"

"Oh, we are invited out then."

"Pity! We wanted to invite you to our house on Saturday!"

▶ pity : 애석한 일, 유감스러운 일

▶ phone up : 전화를 걸다

▶ turn : 순번

▶ Mc는 스코틀랜드계의 이름, 스코틀랜드 사람들은 구두쇠로 정평이 있다

맥내브 가족이 맥니시 가족을 저녁식사에 초대해야 할 차례가 되었다. 그래서 맥내브는 맥니시에게 전화를 걸었다.

『오늘 저녁에 뭘 하십니까?』하고 그는 물었다.

『아무것도 안 합니다.』

맥니시는 얼른 대답했다.

『그럼 내일은요?』

『내일도 별일 없습니다.』

『모레는 어떻습니까?』

『모레도 이렇다 할 계획이 없습니다.』

『그럼 토요일은 어떻고요?』

『그날에는 초대받은 데가 있습니다.』

『이거 유감스럽군요. 실은 토요일에 저의 집에 초대할 생각이었는데.』

193. 빨간 넥타이

Barber : "Was your tie red when you came in here ?"
Man in chair : "No."
Barber : "Gosh ! "

▶gosh : (놀람을 나타내어)아이쿠!

이발사 :『손님 빨간 넥타이를 매고 오셨던가요?』
손님 :『아뇨.』
이발사 :『이크 야단났네.』

194. 역선전

> The little old lady entered the department store. Instantly a band began to play, an orchid was pinned on her dress, she was handed a $ 100 bill and found herself being photographed from all sides. Then she was taken before the television cameras.
>
> "You are the one-millionth customer," the master of ceremonies beamed at her. "And now, can you tell us what you came here for today ?"
>
> "Why, yes," the little old lady said. "I'm on my way to the complaint department."

▶ orchid : 난초

▶ master of ceremonies : 사회자, MC라는 약어로도 사용된다

▶ complaint department : 사간 물건에 하자가 있을 때 이의를 제기하러 오는 손님들의 불평을 접수하는 백화점 내의 부서

몸집이 작은 할머니 한 분이 백화점에 들어섰다. 바로 그 순간, 밴드의 주악이 울려퍼졌고 그 노부인의 옷에는 난꽃이 꽂혀졌으며 사방에서 카메라의 플래시가 터지는 가운데 100달러짜리 지폐가 할머니에게 증정되었다. 이윽고 할머니는 TV카메라 앞에 서게 되었다.

사회자가 밝은 표정을 지으면서 이야기를 시작했다.

『할머니는 100만 번째 손님이 되십니다. 자아, 그럼 오늘은 뭘 사러 오셨는지 말씀해주실까요?』

『그럽시다. 난 항의할 것이 있어서 온 거라오.』

195. 주색잡기의 변

A panhandler stopped a well-dressed man on the street one day and asked for a quarter for some food.

"I haven't any change," the well-dressed man said, "but I'll buy you a drink."

"No thanks, Mister. I don't drink."

"Well, I'll buy you a cigar."

"No, I don't smoke."

"Okay, I'm going to the races. I'll put down some money on a horse for you."

"No thanks, I never gamble."

The well-dressed man seized the panhandler's elbow.

"You're coming home with me for dinner," he said. "I want my wife to see what happens to a man who doesn't smoke, drink, or gamble!"

▶ panhandler : 거지

▶ a quarter : 1달러의 4분의 1, 곧 25센트

▶ bit : (미국 구어)12센트 반, 곧 quarter의 반

어느 날 길가에서 호화로운 옷차림의 신사에게 다가선 거지는 먹을 것을 사야겠다면서 25센트를 구걸했다.

『잔돈 가진 것이 없네. 하지만 술을 대접하겠네』라고 신사는 말했다.

『고마운 말씀입니다만 저는 술을 못합니다.』

『그럼 내가 시거를 사주지.』

『아닙니다. 담배를 태우지를 않습니다.』

『좋아. 그럼 경마장엘 가세. 내가 자네 말에 돈을 걸어줄 테니.』

『아닙니다. 도박은 아예 하지를 않습니다.』

신사는 거지의 팔을 잡으면서 말했다.

『우리 집에 가서 식사를 하세. 사내가 담배도 안 태우고 술도 안 마시고, 도박도 안 하면 어떤 꼴이 되는지 우리 마누라한테 보여줘야겠어.』

196. 철의 장막

In one of the police states two friends stopped to chat on a street corner. One of the men, forgetting himself, spoke his mind :

"This country is run by fools, scoundrels, and rascals. The people are starving and everything is on its way to ruin."

At that point a policeman seized the speaker. The man's friend pleaded with the officer :

"Please don't take him off. The man is crazy and doesn't know what he's talking about."

"Crazy, huh ?" snapped the policeman. "If he's crazy, how come he knows the political situation so accurately ?"

▶ police state : 경찰국가
▶ scoundrel : 비열한 자
▶ how come : why

어느 경찰국가에서의 일. 길모퉁이에서 마주친 두 친구는 발걸음을 멈추고 이야기를 나누었다. 한 사람은 부지불식간에 그의 마음 속에 품고 있던 것을 마구 내뱉었다. 『이 나라를 통치하고 있는 것은 무지하고, 비열하고 악랄한 자들이야. 사람들은 굶주리고 있고 모든것이 파탄으로 치닫고 있잖아?』

그때 경찰관이 불쑥 나타나서 그 사람을 잡았다. 그러자 그의 친구는 경찰관에게 하소연했다. 『제발 그 사람 용서하십시오. 그 사람은 머리가 돌아서 무슨 소리를 하고 있는지 모릅니다.』

『돌았다구? 돌아버린 사람이 어떻게 정치정세를 그렇게 정확하게 파악하고 있나 말이야?』하며 경관은 쏴붙였다.

197. 불행 중 다행

Widow : "After the accident Mike passed away without regaining consciousness."
Neighbor : "What a blessing ! Then he doesn't know he's dead yet?"

▶ pass away : 가버리다, 죽다
▶ blessing : 축복

과부:『그 사고가 있은 후 저의 집 양반은 의식을 회복하지 못한 채 세상을 떠나고 말았어요.』

이웃아낙:『거 참 다행한 일이로군요. 그러니 아직도 자기가 죽은 걸 모르고 계시겠네요.』

198. 이실직고

Old John, custodian of the bath house, was in the habit of entering Miss Augusta's compartment before she had completely reclothed herself.

One morning she said to him.

"John, you ought to knock before you come in. Someday you might come in while I was undressed."

To which honest old John replied :

"Lord bless you, Miss ! No danger of that. I always peek through the key-hole afore I come in."

▶ custodian : 관리인

▶ in the habit of ~ing : ~하는 버릇이 있는

▶ Lord bless you ! : 저런 ! (뜻밖의 일을 당했을 때)

▶ peek : 살짝 들여다보다, 엿보다

▶ keyhole : (파자의) 옹이구멍

▶ afore : (고어) before

목욕탕의 관리인인 늙은 존은 오거스타양이 옷을 다 입기도 전에 그녀의 독탕으로 불쑥 들어오곤 했다. 어느 날 욕실에 나타난 존을 보고 오거스타양은 불평했다. 『들어오기 전에 노크를 해요. 그처럼 무턱대고 들어오다간 내가 미처 옷을 입지도 않은 때에 들이닥

치게 될 거라구요.』

『천만에요, 아가씨. 그런 염려는 없습니다요. 나는 들어오기 전에 언제나 구멍으로 미리 들여다보는걸요.』

영감님은 고지식하게 털어놓았다.

199. 낙천주의

It was 2 a. m. when the phone rang and the sleep-drenched suburbanite got up to answer it.

"Is this number 333-3333 ?"

"No, it is not."

"Oh, I'm sorry to have bothered you at such an hour."

"It's all right," said the suburbanite, "I had to get up to answer the phone anyway."

▶ sleep-drenched : 깊이 잠든
▶ suburbanite : 교외에 사는 사람

교외에 사는 사람이 전화기의 벨소리로 깊은 잠에서 깨어났을 때의 시각은 새벽 두시였다.

『333에 3333번입니까 ?』

『아닙니다.』

『이거 죄송합니다. 이렇게 한밤중에 성가시게 굴어서.』

『괜찮습니다. 전화를 받으려면 어차피 일어나야 했던 거니까요.』

200. 법 률

> The law forbids women of Oxford, Ohio, from undressing in front of the photograph of a man.

▶ undress : 옷을 벗다
▶ in front of : ~의 앞에

미국 오하이오주의 옥스퍼드에는 여자들이 남자사진 앞에서 옷을 벗어서는 안 된다는 법률이 있다.

201. 가정부의 사랑

> Glancing from her window one morning, Mrs. Kulick was shocked to see her maid kissing the milkman. Nadine was called into the parlor that night, after the family retired. Mrs. Kulick frowned at the girl.
>
> "Nadine," she said sternly, "this morning I saw you kissing the milkman. After this, I shall bring in the milk."
>
> "Tain't no use, Ma'am," answered Nadine, "he promised me he'd never kiss anyone but me."

▶ glance : 흘깃 보다
▶ be shocked to see~ : ~를 보고 몹시 놀라다
▶ maid : 가정부아가씨
▶ parlor : (가정집)응접실
▶ retire : 잠자리에 들다
▶ frown : 눈살을 찌푸리다

창문으로 내다보던 큘리크 부인은 가정부가 우유배달부에게 키스하는 장면을 보고 대경실색했다. 그 날 밤 식구들이 잠자리에 든 후 부인은 네이다인양을 응접실로 불러들였다. 그리고는 눈살을 찌푸리면서 엄하게 다그쳤다.

『오늘 아침에 보니 너 우유배달부와 키스하더구나. 이제부터는 내가 나가서 우유를 가지고 들어와야겠어.』

그러자 아가씨가 응수했다.

『그래 봤자 소용없을 텐데요. 그 사람 나 아니고는 아무하고도 키스하지 않겠다고 약속한걸요 뭐.』

202. 도둑의 가계

The burglar's wife was nagging him for money. "Okay, okay," he said. "I'll get you some as soon as the bank closes!"

▶ nag a person for : ~를 달라고 성가시게 굴다

돈타령을 하는 마누라를 보고 도둑이 말했다. 『알았어, 알았어. 은행이 문을 닫고 나면 좀 갖다줄게』

203. 역장과 임신부

Two English schoolboys constantly battled in school, but in their prime they both became famous, one as an admiral and the other as a bishop.

Years later, meeting on a railroad platform, the bishop, who had gained weight considerably, swept up to the uniformed admiral, and inquired :

"Stationmaster, from what platform does the 10 : 15 train leave ?"

The admiral, looking at the churchman's robes, replied :

"Platform five, madam. But in your condition, you shouldn't be traveling ! "

▶ prime : 전성기, 한창때
▶ robe : 길고 헐거운 겉옷, 법의, 성의

학교시절에 둘이서 노상 싸우기만 했던 두 영국인이 어른이 돼서는 다같이 출세를 했다. 한 사람은 해군제독, 또 한 사람은 주교가 된 것이다.

여러 해 만에 철도역 플랫폼에서 만나게 되자 비대한 체구의 주교는 제복을 입은 제독한테로 성큼 다가가서 물었다. 『역장님, 10시 15분발 열차는 어느 플랫폼에서 떠납니까?』

　해군제독은 성의차림의 주교를 바라보면서 대답했다.

　『5번 플랫폼입니다. 하지만 부인께선 그 몸으로 여행
해서는 안 될 텐데요.』

204. 아이디어

> "Why is your car painted blue on one side
> and red on the other?"
> "It's a great scheme. You should hear the
> witnesses contradicting each other.

▶ scheme : 설계, 계략
▶ contradicting : 모순되는

　『어째서 자네 자동차는 한쪽은 파랗고 또 한쪽은
빨갛게 칠한 거지?』

　『이거 굉장한 아이디어라네. 목격자들이 서로 딴소리
를 하게 될 것 아니냐구.』

205. 구두쇠(Ⅲ)

The professor of chemistry was demonstrating the properties of acid.

"I'am going to drop this silver dollar into this glass of acid," he said. "Will it dissolve?"

"No," several students answered promptly.

"Explain your answer," said the professor.

"If it would, you wouldn't drop in it," came the reply.

▶ demonstrate : 보여주다, 설명하다
▶ property : 특성, 특질

화학교수는 산(酸)의 특성에 관해서 강의하고 있었다.

『산이 들어 있는 글라스에 이 은화를 집어넣어 보겠습니다. 어떨까요, 녹아버릴까요?』

『아아뇨』라고 학생 수명이 즉각 대답했다.

『어째서 녹지 않는다고 생각하는지 설명해봐요.』

『그게 녹아버린다면야 교수님이 그 속에 집어넣으려 들 리가 없잖아요?』

206. 공 갈

The young mother was shocked to learn that little Sammy had told a falsehood. Taking the boy on her knees, she graphically explained the consequences of lying :

"A tall, green man," she began, "with red fiery eyes and two sharp horns, grabs little boys who tell falsehoods and carries them off at night. He takes them to Mars, where they have to work hard in a dark canyon for 50 years. Now, you won't tell a falsehood again, will you, Sammy?"

"No, mum," replied the lad. "You tell'em better than I can."

▶ falsehood : 거짓말
▶ graphically : 사실적으로, 이해하기 쉽게
▶ Mars : 화성
▶ fiery : 불 같은
▶ lad : 사내아이

어린 새미군이 거짓말을 한다는 사실을 알게 된 젊은 어머니는 큰 충격을 받았다. 어머니는 꼬마녀석을 무릎 위에 올려놓고 거짓말을 하면 어떻게 되는가를 알아듣게 똑똑히 설명했다.

『어린아이들이 거짓말을 하면 어떻게 되는고 하니 불

같은 새빨간 눈에다 예리한 뿔 두 개가 달린 키가 큰 새 파란 사람이 밤중에 와서 잡아가는 거야. 그 사람은 아이들을 화성으로 데리고 가는데 그곳에 가면 50년 동안을 어두컴컴한 골짜기에서 중노동을 하게 돼. 너 그래도 다시 거짓말을 할 테야?』

『알았어. 엄마는 나보다 거짓말 잘 하네 뭐.』

207. 무용지물

A young husband watched his flat-chested wife as she tried on her new brassiere. "What did you buy that for?" he asked. "You haven't got anything to put in it."

"You wear shorts, don't you?" she retorted.

▶ flat-chested : 앞가슴이 평평한
▶ try on : 입어보다
▶ shorts : 속팬츠

젊은 남편은 앞가슴이 평평한 마누라가 새 브래지어를 사다가 입어보는 장면을 지켜보고 있었다.

『속에 집어넣을 것도 없는 주제에 그건 뭣 하러 샀어?』

『그럼 당신은 뭣 때문에 팬츠를 입고 다녀요』하며 부인이 쏴붙였다.

208. 자승자박

> "Why do you wear panty-hose?"
> "I have to wear them ever since my wife found them in the back of my car."

『자네 팬티스타킹은 어째서 신고다니는 게야?』
『자동차 뒷좌석에서 마누라가 이걸 찾아냈으니 도리가 있나.』

209. 바스트 빌딩

> The manager of a Hollywood bowling center noticed that a pretty starlet came in to bowl regularly, and that she had a peculiar system. She would bowl one ball with her right arm and the next one with her left.
> One night, he said : "Miss, you'll improve your bowling average if you'll just concentrate on bowling with one arm."
> "Who's worried about my average?" replied the satarlet. "I've been told that bowling would increase the size of my bust, and I just want to be sure that I don't get larger on one side than on the other!"

▶ starlet : 새로 등장하려고 PR되고 있는 젊은 신인 여배우
▶ Who's worried about~ ? : 누가~에 관해서 걱정하는가(그것에는 아랑곳하지 않는다)
▶ concentrate on : ~에 집중하다
▶ bust : 상반신, (여자의)앞가슴

할리우드의 어느 볼링장 지배인은 예쁜 신인 여배우가 정기적으로 와서는 묘한 방식으로 볼링을 하고 있는 사실에 주목했다. 오른쪽 손으로 한번 공을 던지고 나면 그 다음에는 왼손으로 옮겨잡고 던지는 것이었다.

어느 날 밤 볼링장 지배인은 배우아가씨에게 타일렀다.

『아가씨, 어느 한쪽 손으로만 집중적으로 하면 점수가 좋아질 텐데요.』

그러자 아가씨가 대답했다.

『점수 같은 건 아랑곳 없어요. 볼링을 하면 앞가슴이 커진다더군요. 그러니 어느 한쪽이 다른 쪽보다 더 커져서는 안되겠기에 이러는 거라구요.』

210. 노하우

The politician's automobile was parked in the restricted zone for days. Finally a cop came along and took the vehicle to the station house.

"What！" squawked the politico when informed of the action. "Get that cop on the phone."

"Are you going to have him fired？" his wife asked.

"No," he replied. "I wanna find out how he got started."

▶ restricted zone : 통제구역
▶ station house : 경찰서
▶ squawk : (미국 속어)불평을 말하다, 퉁명스럽게 말하다
▶ politico : 정치가(정당정치에 직업적으로 간여하는 야심적인 사람)
▶ cop : 경찰관
▶ get~on the phone : ~를 전화에 불러내다
▶ wanna : want to

정치가의 자동차가 며칠 동안 계속해서 주차금지구역에 머물러 있었다. 마침내 경찰관이 나타나더니 문제의 자동차를 경찰서로 가져갔다.

이 사실을 연락받은 정치가는 퉁명스럽게 말했다.

『뭐라구. 그 경찰관 어디 전화 대줘봐.』

이때 부인이 물었다.
『그 사람 목자르시려구요?』
『천만에, 어떻게 해서 시동을 걸었는지 그걸 알아내야
겠어.』

211. 남북차이

A little boy from New York was visiting his
aunt in Georgia and one day his little girl
cousin about his own age took him swimming.
After swimming for a while, they crawled out
onto the bank and started to dry themselves
off.

The little girl looked at her cousin critically
for a long moment and then said, "I never
knew that there was so much difference be-
tween a Yankee and a Southerner!"

▶ about his own age : 그의 나이또래
▶ critically : 비판적으로, 꼬치꼬치 캐면서
▶ for a long moment : 한참 동안

뉴욕에 사는 어린 꼬마녀석이 조지아주에 사는 작은어머니한테 다니러 갔다. 하루는 사촌인 그 또래의 어린 계집아이가 그를 데리고 수영하러 갔다.

한동안 수영을 하다가 둑으로 기어나온 두 어린이는 몸을 말리기 시작했다.

계집아이는 사촌을 한참동안 뚫어지게 바라보더니 입을 열었다.

『북부사람하고 남부사람하고가 이렇게까지 다른 데가 있는 줄은 미처 몰랐어.』

212. 막상막하

> Ilka Chase's press agent sent out a story to the effect that when the book Past Imperfect was published Humphrey Bogart asked her, "Who wrote it for you?"
>
> She replied, "I'm so glad you enjoyed it. By the way, who read it to you?"

▶ Ilka Chase : 브로드웨이에서 20여 편의 작품에 출현했던 여배우. 책도 저술했다
▶ press agent : PR대행자
▶ to the effect that : ～라는 취지로
▶ imperfect : 불완전한
▶ by the way : 그런데

일카 체이스의 PR를 맡고 있는 사람이 다음과 같은 취지의 이야기를 퍼뜨렸다. 그녀의 저서인 「불완전했던 과거」가 출판되자 험프리 보가트가 그녀를 보고 물었다.

『그 책 누가 써준 겁니까?』

그러자 체이스가 응수했다.

『그 책 봤다니 참 기쁘군요. 한데 누가 그걸 읽어주던 가요?』

213. 인생상담

Question put to the advice-to-the-lovelorn editor : "Is it all right to masterbate?"
Reply was : "It's all right if you're really in love with yourself."

▶ lovelorn : 애인에게 버림받은, 사랑에 우는
▶ masterbate : 자위행위를 하다
▶ be in love with : ~를 사랑하다

애정문제로 고민하는 사람들의 상담을 담당하는 편집자에게 문의가 들어왔다.

『마스터베이션은 해도 괜찮은 것입니까?』

이에 대한 답은 『진정으로 자기 자신을 사랑하는 경우라면 해도 무방합니다』라는 것이었다.

214. 마라톤(Ⅱ)

He crawled in bed with his wife and immediately started feeling over that way. She mumbled in a surly manner, "None of that stuff tonight. I have to get up at 6 A.M. to start my washing."

So hubby replied, "That's OK, if I'm not done by then, I'll just quit."

▶ crawl : 기어가다, 기다
▶ mumble : 중얼거리다
▶ surly : 퉁명스럽게
▶ None of that stuff. : 그짓 할 생각말라
▶ hubby : husband
▶ done : 끝난

남편은 잠자리에 기어들자 대뜸 부인쪽을 더듬기 시작했다. 그런데 부인은 퉁명스럽게 중얼거렸다.

『오늘밤엔 안돼요. 아침 여섯시에 일어나서 빨래를 해야 한다구요.』

그러자 남편이 대답했다.

『그건 걱정할 것 없어. 그때까지 끝나지 않으면 중단할 테니 말야.』

215. 찬 미

A drunk to a homely woman on the subway：
"My God, you're looking lovely tonight."
"Oh, thank you, sir."
"But don't mind what I say, I'm drunk."

▶ homely：못생긴
▶ my God：놀랐거나 감탄했을 때의 표현
▶ mind：유의하다, 염두에 두다

주 정뱅이가 지하철 속에서 못생긴 여자를 보고 한 마디 했다.

『참 오늘밤엔 예뻐 보입니다.』

『그러세요. 고맙군요.』

『하지만 내가 하는 소리 너무 귀담아 들을 것 없어요. 지금 술에 취했으니깐요.』

216. 공갈모금

One Sunday morning Pastor Peter Pumphrey propounded from the pulpit, "We all know that certain women in this congregation are committing adultery, and unless each of the guilty parties puts five dollars in the collection plate their names will be announced during next week's services."

When the offering was taken, and the money counted, there were seventy-four five dollar bills and three singles with a note attached that read, "Will bring the other two dollars next week."

▶ propound : 제의하다
▶ congregation : 모임, (종교의)회중
▶ adultery : 간통
▶ each of the guilty parties : 간통을 범한 모든 사람들

일요일 아침 설교단에 선 피터 펌프리 목사는 한 가지 제안을 했다.

『우리 신도들 중에 간음을 일삼는 여자들이 있다는 것은 다들 잘 아는 바입니다. 이 사람들은 오늘 헌금함을 돌릴 때 각각 5달러씩 내야지 그렇지 않을 때엔 다음 주일예배 때 그 이름을 공개하겠습니다.』

헌금이 끝나고 나서 보니 5달러짜리 74장과 쪽지가 달린 3달러가 나왔는데 쪽지에는 『부족한 2달러는 다음 주일에 가지고 올게요…』라고 적혀 있었다.

217. 딴 남자

The doctor gave his diagnosis to the flashy female who stood before him. "This examination reveals a serious situation. I want you to refrain from relationships with your husband for several weeks. May I count on such cooperation?"

"Sure, Doc, that's no problem. I got a boy friend, you know."

▶ diagnosis : 진단
▶ flashy : 속되게 번지르르한, 난한
▶ refrain : 삼가다
▶ count on : ~을 힘으로 믿다

의사는 그의 앞에 서 있는 번지르르하게 꾸민 여자의 진단을 내렸다.

『진찰한 바로는 병이 매우 중합니다. 몇주 동안 바깥양반하고는 관계를 삼가야겠습니다. 그렇게 해주실 수 있겠죠?』

『그럼요 선생님. 그건 문제될 것 없어요. 보이프렌드가 있는걸요 뭐.』

218. 동업자

Two business partners had never had an argument in 20 years. One week one of the pair came down with a virus and missed a few days at the store. On the fourth day of his absence the ailing partner received a call from his associate, who told him, "I just found $15,000 missing from the safe. What should I do?"

His partner replied quickly, "Put it back!"

▶ come down with : (미국 구어)병을 앓다
▶ virus : 병독, 바이러스
▶ miss a few days at the store : 며칠 점포에 나가지 않다

두 동업자는 20년 동안 말다툼 한 번 안했다. 그러다가 어느 날인가 그 중 한 사람이 바이러스로 인한 병으로 며칠 동안 점포에 나오지 못했다. 나흘째 되는 날, 점포에 있는 동업자는 앓고 있는 동업자에게 전화로 알렸다.

『지금 보니 금고의 돈 1만 5,000달러가 없어졌어, 이걸 어쩐담….』

『도로 집어넣게나!』

동업자는 대뜸 한마디 했다.

219. 진화론

The wife of the Canon of Worcester Cathedral, when told years ago of Darwin's theory of evolution, is reported to have exclaimed, "Descended from the apes ! My dear, we hope it is not true. But if it is, let us pray that it may not become generally known.

▶ cathedral : 대사원
▶ canon : 대사원의 참사회원
▶ theory of evolution : 진화론
▶ descend : (사람이)계통을 잇다(from)
▶ ape : 원숭이(특히 꼬리 없는)
▶ become generally known : 일반에게 알려지다

오래 전의 일이다. 우스터 대사원의 참사회원 부인은 다윈의 진화론에 관해서 이야기를 듣고는 질겁을 했다고 한다.

『아니 원숭이가 우리들의 조상이라니 ! 그게 사실이 아니기를 바랍니다. 하지만 만약 그것이 사실이라면 그것이 널리 알려지지 않기를 기도합시다.』

유머인생 제2집

지은이 / 한국경제신문사 출판팀
펴낸이 / 박용정
펴낸곳 / 한국경제신문사
등록 / 제2-315(1967. 5. 15)
제1판 1쇄 인쇄 / 1994년 8월 10일
제1판 3쇄 발행 / 1999년 1월 10일
주소 / 서울특별시 중구 중림동 441
출판팀 / 3604-553~8
출판판매팀 / 3604-595~6
FAX / 360-4599

* 파본이나 잘못된 책은 바꿔 드립니다.
ISBN 89-475-2106-X

값 4,500원

강대국의 흥망

폴 케네디 著
李日洙·全南錫·黃建　共譯
〈양장 / 628면 / 13,000원〉

역사학자이자 미국 예일대 교수인 저자는 이 책에서 지난 5세기 동안에 전개되었던 강대국들의 흥망성쇠는 그들의 경제력과 군사력의 변화 추이에 의해서 좌우되어 왔다고 진단하면서 앞으로 다가오는 21세기에는 미국·소련·서유럽 등의 쇠퇴와 중국·일본 등 아시아 강국들의 부상을 예언하고 있다. 〈뉴욕타임스 선정 최우수 도서〉

21세기 준비

폴 케네디　著
邊道殷·李日洙　譯
〈양장 / 500면 / 11,000원〉

우리에게 충격을 던졌던 「강대국의 흥망」 저자 폴 케네디 교수가 다가올 21세기 문명세계의 각종 위기를 명쾌히 분석·정리한 力著. 이 책은 향후 30년 사이 우리에게 닥칠 도전들과 그 대응방법 그리고 인구폭발, 환경오염, 생물공학, 로봇, 통신수단, 가공할 파워의 양태 등을 특유의 통찰력으로 분석·예견하고 있다.

메가트렌드 2000

존 나이스비트 외　共著
金弘基　譯
〈양장 / 444면 / 9,800원〉

90년대는 정치개혁과 경이적인 기술혁신 등으로 인류에게 지금까지와 전혀 다른 변화양상을 안겨줄 것이다. 이 책은 90년대의 변화로 경제호전, 예술의 번영, 시장사회주의의 출현, 복지국가의 쇠퇴 등, 과거 어둡고 비관적인 세기말적 변화보다는 밝고 새로운 흐름을 부각시키고 있다.

메가트렌드 아시아

존 나이스비트　著
홍수원　譯
〈양장 / 402면 / 9,500원〉

미래예측가로 세계적 명성을 떨치고 있는 나이스비트는 21세기에는 아시아가 미국주도의 상품과 소비시장에 가장 중요한 경쟁자로 떠오를 것으로 내다보고 현재 역동적으로 변화하는 아시아의 모습을 8가지 트렌드로 분석했다. 특히 아시아와 세계라는 맥락 속에서 한국에 나타나고 있는 폭넓은 변화들을 살펴보고 한국이 아시아에 기여할 수 있는 방안도 짚고 있다.

20세기를 움직인 思想家들

기 소르망　著
姜偉錫　譯
〈신국판 / 426면 / 8,000원〉

20세기 사상계에 결정적인 영향을 끼친 사람들은 과연 누구인가? 프랑스의 저명한 경제학자이자 사회학자인 기 소르망이 29명의 생존해 있는 현대 최고의 사상가들과 직접 인터뷰를 통해 그들 자신이 선택한 분야에 전생애를 바친 사상과 사색의 놀라운 통찰을 기록·정리한 「살아있는 도서관」.

資本主義 종말과 새 世紀

기 소르망　著
金廷銀　譯
〈양장 / 628면 / 13,000원〉

세계적인 석학인 저자는 자본주의 체제를 위협하는 것은 「도덕적 불만」과 「자본주의에 대한 몰이해」라고 주장하고 러시아·중국·독일·인도 등 20여개국의 자본주의의 현재 모습을 생생히 그리고 있다. 또한 현재의 자본주의의 위기를 극복하기 위한 구체적인 실천방안에 대해서도 통찰하고 있다. 방대한 분량인데도 르포형식이어서 전혀 지루하지 않다.

미래기업

피터 드러커　著
高柄國　譯
〈양장 / 416면 / 9,500원〉

우리 시대의 가장 뛰어난 사회·경영학자이자 미래학자인 드러커의 「변혁시대 기업생존전략 연구서!」 이 책은 세계경제가 빠르게 바뀌어 감에 따라 기업의 새로운 생존 경영전략 모델, 즉 기업이 살아남기 위한 5가지 변화조건을 예리하게 분석·고찰했다. 특히 사회·경제학 시각에서 세계경제 흐름을 통찰한 力著.

자본주의 이후의 사회

피터 드러커　著
李在奎　譯
〈양장 / 328면 / 9,000원〉

사회주의권의 급격한 몰락 이후 탈냉전 분위기가 고조되고 있는 시점에서 향후 세계 변화가 주요 관심사로 떠오르고 있다. 저자는 이 책에서 향후 세계는 자본주의적 시장구조와 기구는 그대로 존속되겠지만 주권국가의 통제력은 약화되고 전문지식을 갖춘 지식경영자 중심의 글로벌화 사회가 될 것으로 예측하고 있다.

미래의 결단

피터 드러커 著
이 재 규 譯
〈양장 / 408면 / 9,000원〉

현대 경영학의 대부, 피터 드러커는 이 책에서 「스스로를 다시 생각함으로써 회생할 수 있다」고 전제하고 기업의 5가지 치명적 실수, 가족기업을 경영하는 규칙, 대통령을 위한 6가지 규칙, 새로운 국제시장의 개발, 3가지 종류의 팀조직, 오늘날 경영자들이 필요로 하는 정보 등 바람직한 미래를 실현하기 위한 방안을 제시했다. 21세기를 위한 새롭고 시의적절한 경영지침서.

비영리단체의 경영

피터 드러커 著
현 영 하 譯
〈신국판 / 406면 / 8,000원〉

선진국에서는 학교, 자선단체 등 비영리단체의 경영혁신이 선풍을 일으키고 있다. 이 책은 필자가 교수생활을 하면서 비영리단체에서 봉사했던 경험을 바탕으로 조직관리, 예산 등 경영전반에 대한 문제점을 심도있게 분석하고 개선방안을 제시했다. 전문가들과의 대담을 통해 경영의 효율성을 높이기 위한 여러가지 방안이 눈길을 끈다.

트러스트

프랜시스 후쿠야마 著
구 승 회 譯
〈양장 / 500면 / 12,000원〉

한 나라의 경제는 규모만으로는 설명될 수 없고 문화적 요인이 중요하다. 이 문화적 요인이 사회적 자본이며 가장 중요한 덕목이 바로 신뢰다. 저자는 이 책에서 개인주의, 가족주의에 기반을 둔 저신뢰 사회의 특성을 혹독하게 비판하면서 건강한 사회가 되려면 공동체적 연대와 결속의 기술을 터득해야 하며 신뢰는 경제와 사회, 문화를 아우르는 놀라운 가치라고 강조한다.

코피티션

배리 J. 네일버프 · 아담 M. 브란덴버거 著
김 광 전 譯
〈양장 / 384면 / 9,000원〉

비즈니스 게임은 끊임없이 변하므로 전략도 당연히 변해야 한다. 경쟁(competition)과 협력(cooperation)에 관한 과거의 법칙들을 넘어서서 양자의 장점을 결합한 코피티션 전략은 기존의 비즈니스 게임을 혁신할 혁명적인 신사고다. 저자들은 게임 자체를 변화시켜서 이득을 최대화하는 방법을 보여주는 5가지 요소(전략의 PARTS)의 비즈니스 전략을 체계적으로 제시했다.

지구의 변경지대

로버트 케이플런 著
황 건 譯
〈양장 / 582면 / 12,000원〉

베일에 가려져 있던 서아프리카에서 중동을 거쳐 러시아의 외곽지대인 중앙아시아, 중국, 인도를 거쳐 캄보디아, 태국, 베트남에 이르는 대장정을 끝내고 저자가 내린 결론은 한마디로 암울하다는 것이다. 이 책은 저자가 새로운 분쟁지역으로 떠오르고 있는 지구 곳곳을 다니면서 문제점을 지적하고 혼란에 빠진 이들에게도 따뜻한 시선을 보내자고 제안하고 있다.

회사인간의 흥망

앤소니 샘슨 著
이 재 규 譯
〈양장 / 490면 / 9,800원〉

이 책은 17세기 동인도회사에서 현재의 마이크로소프트사에 이르기까지 기업의 변화과정과 직장인들의 문화변천사를 통해 회사인간이란 무엇인가를 규명했다. 생생한 인물묘사와 인터뷰, 사례를 곁들이면서 전혀 도전받을 일이 없을 듯이 보였던 「기업관료들」이 어떻게 레이더스, 모험기업가, 일본의 경쟁자들, 컴퓨터, 여자 회사인간들에 의해 차례차례 공격당했는가를 밝히고 있다.

금융시장 예측

김 성 우 著
〈양장 / 452면 / 12,000원〉

주식, 금리, 상품 등의 현물시장은 물론 선물 및 옵션 등의 파생상품시장에서도 생존할 수 있는 방법을 다양하게 제시하고 있다. 20여년간 외환시장 등 다양한 시장에서 딜러, 투자가, 분석가로 활동하며 풍부한 현장경험을 가지고 있는 저자가 시장상황에 따른 기술적 지표의 요령과 심리적 동요의 극복방안을 현장사례 중심으로 상세히 설명하고 있다.

21세기 중국

박 정 동 編著
〈양장 / 362면 / 9,000원〉

덩샤오핑이 사망함에 따라 곳곳에서 그 기반이 흔들리는 조짐이 나타나고 있다. 그의 체제를 이어받은 장쩌민 체제는 안정과 성장을 지속시켜 나갈 수 있을까. 과연 중국은 어떻게 변할 것인가. 아시아의 안정과 발전을 저해하는 군사대국으로 비화할 가능성이 큰 중국의 현재와 미래를 철저히 진단한 중국탐구서.

팝 인터내셔널리즘

폴 크루그먼 著
김광전 譯
〈신국판 / 276면 / 7,000원〉

산업위축과 실업증가, 실질소득 향상의 둔화를 비롯해 소득격차의 확대, 산업시설의 유출 등 선진 경제가 지닌 문제점을 상세히 분석하고 그 원인이 개발도상국과의 교역에 있는 것이 아니라 선진국의 산업구조 변화와 기술발전에 있다고 밝히고 있다. 레스터 서로에 필적하는 20세기 최고의 40대 경제학자인 저자가 지적하는 개도국 성장 비결은 우리에게 시사하는 바가 크다.

2020년

해미시 맥레이 著
金光田 譯
〈양장 / 408면 / 9,000원〉

다양한 인종만큼이나 상이한 정치·경제체제와 독특한 문화양식을 지니고 있는 세계 각국은 저마다의 주무기를 앞세워 미래를 설계하고 있다. 경제평론가인 저자는 앞으로 국가경쟁력을 결정짓는 요인은 기술이 아니라 문화라고 강조한다. 현재 세계 각국이 처해 있는 상황을 바탕으로 치밀하게 전망한 2020년경의 세계 각국의 모습에서 우리의 진로는 어떻게 모색해야 할 것인가?

제 4 물결

허먼 메이너드 2세
수전 E. 머턴스 共著
韓榮煥 譯
〈양장·4×6판 / 240면 / 5,000원〉

21세기의 범세계적 기업을 위한 낙관적 비전을 제시하고 있는 이 책은 한마디로 앨빈 토플러의 《제3물결》을 넘어 장기적 미래의 비전에 집중하고 있다. 지금 우리가 공업화를 상징하는 「제2물결」에서 탈공업화적인 「제3물결」로 전이하고 있지만, 머지 않은 곳에서 새로운 차원의 「제4물결」이 밀려오고 있다고 진단하고 있다.

株式市場 흐름 읽는 법

浦上邦雄 著
朴承源 譯
〈신국판 / 200면 / 5,500원〉

언뜻 보기에 무질서하고 예측이 불가능해 보이는 주식시장도 장기적으로 보면 특정한 네 개의 국면을 반복하고 있다는 것을 알 수 있다. 이 책은 이 네 개의 국면이 어떤 요인에 의해 순환되고 각각의 국면에서 어떤 종목이 활약하는가를 숙지할 수 있는 안목을 제시해주고 주식투자시 리스크를 피하는 방법에 대해서도 설명하고 있다.

유머人生 1~6

韓國經濟新聞社 出版部 編
〈4×6판 / 244면 / 4,500원〉

많은 독자들이 1980년 12월부터 본지에 연재되고 있는 「海外유머」를 책으로 출판했으면 어떨지, 그런 계획은 없는지 물어왔다. 이 책은 독자들의 그러한 성원에 보답하자는 취지로 출판되었으며 우스갯소리 가운데서 인생의 묘미도 느끼고 영어공부도 할 수 있게끔 어려운 단어나 語句에는 주석을 달아 독자들의 이해를 돕고자 노력했다.

성공적인 점포경영 33選

류광선 著
〈신국판 / 368면 / 9,000원〉

5,000만원 정도의 소자본으로, 심지어 무자본으로도 사업을 시작할 수 있는 아이디어를 담았다. 저자가 현장을 발로 뛰면서 바로 개업하기에 유망한 33개 업종을 선별, 입지선정부터 개업절차·경영 비법까지 최신 노하우를 총집결시켰다. 경영지침이나 사업의 성패진단법은 물론 직접 점포를 운영하는 사람들의 현장 목소리를 담아 차별화를 꾀했다.

부동산 경매를 잡아라

전 철 著
〈신국판 / 248면 / 6,500원〉

법원경매든 성업공사 공매든 경매는 이제 누구나 쉽게 배우고 참여할 수 있게 되었다. 경매물건에 대한 마음가짐을 얼마나 유연하고 객관적인 자세로 평가할 수 있느냐가 성공의 지름길이다. 이 책은 부동산 경매에 대한 전반적인 원리를 누구나 알기쉽게 배울 수 있도록 설명했다. 특히 실전사례중심으로 실패없는 부동산 경매 방법을 체계적으로 정리한 실전 가이드다.

임대주택을 잡아라

최문섭 著
〈신국판 / 230면 / 6,500원〉

최근 다양한 부동산개발 유형이 쏟아져 나오고 있지만 자신이 소유하고 있는 땅에 가장 어울리면서 수익을 많이 올릴 수 있는 방법을 찾는 것은 쉬운 일이 아니다. 이 책은 자신이 소유하고 있는 땅의 위치, 교통 여건, 주변 생활환경 등을 따져 본 후 높은 수익을 올리고 미래 발전 가능성이 있는 최적방안을 여러 사례별로 제시, 임대주택으로 투자에 성공하는 방법을 담고 있다.

일본 쪼개보기

황인영 著

〈신국판 / 336면 / 7,500원〉

일본이 거론하고 있는 독도문제나 잇따른 우익 망언에 대해 논리적이고 설득력 있게 대응해야 한다. 이 책은 일본의 본질을 이해하기 위해 한일관계의 역사적 배경을 추적하면서 그들의 독특한 문화와 사고방식, 행동양식을 105가지의 짧은 애기로 분석하고 있다. 특히 역사적으로 형성된 일본 특유의 무사도 정신과 장인정신, 직업 세습풍토의 배경과 그 실체를 벗기고 있다.

대기업을 이기는 벤처비즈니스

마키노 노보루·강동우 著
유세준 譯

〈신국판 / 212면 / 5,500원〉

첨단 기술력과 재빠른 정보수집력을 갖춘 모험심 강한 중소기업이 대기업보다 훨씬 더 유연하게 시장상황에 대처하고 있으며 성공해 가고 있다. 마이크로소프트, 인텔 등이 그 예다. 이 책은 재편되고 있는 경제구조 속에서 앞서 나가고 있는 일본 벤처기업들의 사례와 실리콘밸리의 성공전략을 살펴보고 틈새시장을 공략하는 요령과 아이디어, 국제적 제휴전략 등을 다루고 있다.

시간이동

스테판 레트샤픈 著
형선호 譯

〈신국판 / 380면 / 9,000원〉

사람들에게 있어서 시간은 객관적인 것이 아니라 주관적인 것이다. 이 책에서 저자는 시간에 대한 사고방식을 바꿈으로써 자신의 인생에 대한 통제를 되찾을 수 있다고 강조한다. 그 과정을 통해 우리는 인생을 최대한 즐길 수 있으며 많은 시간을 우리 자신과 가족과 함께 더 한층 고양된 삶의 의미를 느낄 수 있다. 이 책은 명상서로서 자신의 삶을 컨트롤하는 방법을 제시한다.

소명으로서의 기업

마이클 노박 著
김진현 監譯

〈신국판 / 280면 / 7,000원〉

실업과 빈곤의 해결책은 무엇일까. 마이클 노박은 종교적 윤리 기반위에 선 민간기업만이 그 해결책이 될 것이라고 명쾌하게 주장한다. 민주자본주의 하에서 신학적·윤리적 기초를 갖는 기업이야말로 이윤창출기관인 동시에 민주주의와 인권을 증진시키는 기관이며 사회공동체를 만드는 기관이다. 기업의 위치, 정신의 설정과 사회관계 정립에 등불이 될 내용들이 가득하다.

마음을 치유하는 79가지 지혜

레이첼 나오미 레멘 著
채선영 譯

〈신국판 / 390면 / 7,500원〉

정신분석학자로서 영혼의 연금술사로 평가받는 저자는 보다 큰 평화를 가져다주는 것은 우리가 서 있는 바로 이곳, 또 이곳에서 만나는 사람들을 있는 그대로 받아들일 수 있게 해줄 치료제, 즉 영혼을 위한 약이 필요하다는데 초점을 맞추고 있다. 저자의 따뜻한 식탁의자에 영혼이 충만한 의사와 환자, 그리고 동료들이 둘러앉아 나누는 그들의 삶은 무한한 가능성의 목소리로 들린다.

복잡계란 무엇인가

요시나가 요시마사 著
주명갑 譯

〈양장·4×6판 / 284면 / 7,000원〉

세계는 복잡계(Complex System)열풍에 휩싸여 있다. 『무수한 구성요소로 이루어진 한덩어리의 집단으로 각 부분의 움직임이 총화이상으로 무엇인가 독자적인 행동을 보이는 것』으로 정의되는 복잡계, 복잡계 과학은 「잃어버린 세계로의 여행」이 될 것이다. 복잡계의 과학은 그 꿈을 현실화시킬지도 모른다. 21세기를 주도하게 될 최첨단 키워드, 복잡계의 모든 것을 담았다.

複雜界 경영

다사카 히로시 著
주명갑 譯

〈양장 / 224면 / 6,500원〉

복잡계 이론이 예언하는 21세기적 경영의 모든 것이 여기 있다. 복잡계는 세기말의 혼돈 속에 지식의 최첨단 이론으로 등장, 구미지역에서 폭발적인 관심을 끌고 있다. 이 이론은 세계를 몇 개의 단순한 요소로 환원할 수 없는 '부분 이상의 총화' 자기조직화의 동적 프로세스로 이해한다. 또 세계관의 근본적인 변화를 통해 탈근대시대의 새로운 경영, 경영자를 위한 경영학의 혁명을 꿈꾼다.

밀레니엄 –지난 1000년의 인류역사와 문명의 흥망–

펠리프 페르난데스-아메스토 著
허종열 譯

〈전2권 / 양장 / 560면 내외 / 각권 12,000원〉

저난 1000년을 마감하고 다음 1000년을 준비하기 위해 한 시대를 평가하기 보다는 새로운 시대를 창조하려는 의도로 문명의 운명에 대해 쓴 이 책은 유럽 중심적인 위장된 세계사가 아닌 진정한 세계사 정립을 위해 역사 이면을 자리매김하려고 노력했다. 인류역사의 주도권, 즉 민족의 힘은 태평양 주변국가에서 대서양으로 다시 태평양으로 옮아가고 있다고 주장하고 있다.

21세기를 여는 7가지 키워드

오마에 겐이치 著
임 승 혁 譯
〈양장·4×6판 / 254면 / 6,500원〉

다가오는 21세기에는 서구 선진국의 뒤만을 쫓을 수는 없다. 그들을 앞서나가기 위해서는 지금까지와는 다른 창의적인 발상, 새로운 전략, 확실한 준비가 필요하다. 21세기를 능동적으로 맞이하려는 사람들에게 띄우는 오마에 겐이치의 독특한 키워드. 1. 시간축 발상 2. 신커뮤니케이션론 3. 자유재량시간 4. 글로벌경쟁시대 5. 정보발신시스템 6. 이미지전략 7. 네트워크의 힘

김삼오 박사의 알짜배기 유학 가이드

김 삼 오 著
〈신국판 / 264면 / 7,000원〉

이 책은 단순하고 개략적인 유학안내서가 아니다. 유학을 궁리하거나 이미 가기로 결정한 학생, 그들의 부모가 함께 읽는다면 참신한 아이디어를 얻을 수 있다. 유학행정을 맡은 공무원, 대학 실무자, 교수들이 읽는다면 실질적인 도움을 얻을 수 있다. 왜 유학을 가야 하는가, 무엇을 배우려 하는가, 공부는 어떻게 해야 하는가, 외국과 국내 교육의 차이에 대해 알기 쉽게 설명하고 있다.

알기 쉬운 M&A와 주식투자

계 해 진 著
〈양장 / 336면 / 10,000원〉

M&A관련 주식투자는 위험이 높은 반면에 정확한 투자를 할 경우에는 수익도 막대해진다. 따라서 과학적 분석이 필수적이다. M&A에 조금이라도 관심있는 사람을 대상으로 기본적인 M&A이론과 유의사항을 설명하면서 국내외 사례를 통해 M&A전략과 주식시장에서의 M&A 관련 주식투자 방안을 알기 쉽게 소개하고 있다.

X파일 비망록 Ⅰ, Ⅱ

N. E. 가인즈 著
한 경 훈 譯
〈크라운판 / 380면 / 7,500원〉

X파일 TV드라마는 오락성과 더불어 정보를 제공하는 극으로서의 역할을 충분히 하고 있듯이 이 책은 그러한 정보에 깊이를 더해주는 역할을 한다. TV극에서 못다한 X파일에 등장하는 배우들의 신상을 상세히 소개하고 멀더와 스컬리 두 요원이 펼쳤던 이론을 해부하며 퀴즈게임으로 X파일에 대한 소양을 체크한다. X파일 매니아를 위한 신세대 책이다.

드래곤 스트라이크

험프리 헉슬리·사이먼 홀버튼 著
박 병 우 譯
〈신국판 / 540면 / 8,500원〉

2001년 2월, 중국은 〈드래곤 스트라이크〉라는 암호명 아래 베트남 공습을 시작으로 세계 패권전쟁에 돌입한다. 치밀한 자료수집과 정밀한 분석을 기초로 집필한 이 책은 재미와 미래예측서로서의 장점을 겸비한 소설아닌 소설이다. 각국의 군비태세, 외교전, 세계 외환석유시장에서의 책략이 손에 잡힐 듯 생생하게 그려졌다. 정교하고 사실에 기초를 둔 예측을 했다는 평가를 받고 있다.

칭기즈칸 일족(전 4 권)

진 순 신 著
서 석 연 譯
〈전 4 권 / 신국판 / 각권 7,000원〉

전설 속에 묻혔던 칭기즈칸을 생생한 역사적 인물로 되살려 냈다. 3년여 동안 아사히 신문에 연재되어 일본열도를 열광시킨 진순신의 최신작이다. 가장 짧은 시간에 가장 넓은 영토를 차지한 칭기즈칸과 그 일족의 세계제국 건설사가 유장하게 펼쳐진다. 치열한 권력투쟁, 끊임없는 배신과 모반…… 그러나 강인한 투쟁력과 야성으로 세계경영에 성공한 칭기즈칸과 일족의 투쟁사는 위기를 맞은 우리에게 청량한 자극이 될 것이다.

안자(상·중·하)

미야기타니 마사미쓰 著
신봉승·김하중 譯
〈양장·4×6판 / 384면 내외 / 각권 6,500원〉

열국의 제후들이 대륙의 패권을 놓고 싸우는 춘추 시대를 배경으로 격동의 역사를 헤쳐나가는 명재상 안자의 일대기를 그리고 있다. 난세 속에서도 안자는 충(忠)과 의(義)를 지키며 정도(正道)만을 걷는다. 국가 경영의 참다운 모습, 인간관계의 원형을 보여주는 그의 독특한 철학을 통해 당시의 시대정신과 사회상을 조명한다.

창궁의 묘성(上·中·下)

아사다 지로 장편소설
이 주 영 譯
〈신국판 / 380면 내외 / 각권 6,500원〉

하늘보다 더 깊고 푸른 창궁(蒼穹), 그 한가운데 빛나는 숙명의 별 묘성(昴星)에 소망을 얹고 그 운명을 개척하는 청조말 풍운의 인물들의 권력과 야망을 그린 대하장편소설. 묘성을 수호성으로 태어난 가난한 말똥주이 소년 춘아는 천하의 보배를 손에 넣는다는 점쟁이의 거짓예언을 믿고 스스로 환관이 되어 천하의 여걸 서태후 자희의 측근이 되어 권력의 정점에 오른다.

20대에 사장이 되자

다나카 신스케 著
신동설 譯
〈신국판 / 280면 / 7,500원〉

지금 젊음과 패기로 무장한 20대 사장들의 창업 신드롬이 일고 있다. 현대는 정보화사회로 뉴비즈니스, 벤처비즈니스가 각광을 받는 시대이다. 이 시대는 유연한 발상, 번뜩이는 아이디어, 강한 실천력을 가진 젊은 세대가 이끌고 있다. 이 책은 20대에 사장이 되는 구체적인 성공전략이 담겨 있다. 특히 20대에 회사를 세운 40명의 다양한 성공사례를 들어 독립의 꿈을 실현하는 데 실제적인 도움이 되도록 했다.

21세기 오디세이

마이클 더투조스 著
이재규 譯
〈양장 / 496면 / 12,000원〉

20년 동안 기술 전도사, 기업가, 경영 컨설턴트로서 정보혁명을 이끌어온 마이클 더투조스는 농업혁명과 산업혁명을 밀어낼 제3의 정보혁명에 대해 보다 폭넓은 관점을 제시한다. 저자는 21세기 글로벌 정보시장의 생생한 모습을 보여 주는 한편, 그 기술적인 문제점들을 폭로하고 한편으로 해결책을 제시하여, 영감에 가득찬 미래의 청사진을 제공한다. 보디넷, 전자 코, 촉각 인터페이스의 미래를……

여성 인재파견 시스템 100% 활용하기

정용섭 著
〈신국판 / 225면 / 6,000원〉

기업은 여성인재를 찾고, 여성인재들은 일자리를 찾아 헤매는 것이 현실이다. 취업난과 고용난을 동시에 해결하는 통쾌한 해법이 바로 여기 있다. 인재파견 시스템이 바로 그것이다. 하고 싶은 일을 원하는 시간에 원하는 회사에서 마음껏 할 수 있는 파견스태프가 되는 방법이 잘 나와 있다. 이제 기업도 능숙한 외국어에 막강한 사무능력을 갖춘 여성인재를 적절히 활용할 수 있을 것이다.

BQ창업시대 – 중소기업 창업가이드

이치구 著
〈신국판 / 190면 / 6,000원〉

학교공부를 잘 한다고 사업을 잘 하는 것은 결코 아니다. 지능지수(IQ)가 높다고 사업능력이 뛰어난 것은 더욱 아니다. 사업재능은 지능지수와는 다른 또 다른 능력, 바로 실천능력을 갖춰야 한다. 믿음과 목표의식이 따라줘야 한다. 그렇다면 이 사업능력을 평가하는 방법이 없을까. 사업을 하려는 사람은 비즈니스 IQ, 즉 사업지수(Business Quotient : BQ)가 좋아야 한다. BQ 항목에 세 가지만 해당되면 사표를 써도 좋다!

신을 거역한 사람들

피터 번스타인 著
안진환 외 譯
〈양장 / 540면 / 12,000원〉

세계적인 경영 컨설턴트인 저자가 리스크의 역사와 발전과정을 담았다. 탁월한 통찰력으로 현재의 시점에서 미래를 다루는 방법을 밝혀낸 여러 사상가들의 이야기가 담겨 있다. 리스크를 이해하고 측정하며 그 결과를 가늠하는 방법은 주목받을 만하고, 그리스시대부터 현재까지 인류의 다양한 위기의 순간들과 이를 헤쳐나가는 과정을 역사와 철학, 경제학 관점에서 돌아본다. 투자나 선택이 일상인 경영자들을 위한 책이다.

기업 최후의 전쟁 M&A

정규재 著
〈양장 / 518면 / 12,000원〉

이 책은 국내시장에서 치열하게 전개됐던 실제 기업전쟁을 실감 있게 그리고 있다. 이들 전쟁은 기업지배권의 탈취나 내분의 형태로, 외부의 공격자들과 기존 소유자들 사이에서 벌어진 것이다. 한국 대표기업 간 M&A의 실상과 이면사를 상세히 분석한 이 책은 때마침 한국기업의 위기와 금융산업 개편에 대한 논란이 진행 중이어서 특히 눈길을 끈다. 기업 M&A 이면사가 한 편의 소설처럼 박진감 있게 펼쳐진다.

월가 천재소년의 100가지 투자법칙

맷 세토 著
형선호 譯
〈신국판 / 344면 / 8,500원〉

10대 천재소년 맷 세토가 세운 뮤추얼 펀드의 연간 수익률은 단연 압도적이다. 이 소년은 〈월 스트리트 저널〉의 표지인물로 등장한 바 있으며, 전세계 투자자들이 조언을 듣기 위해 애쓴다. 17세에 억대 부자가 된 맷 세토가 100가지의 성공적인 주식투자 비법을 소개한다. 신선하고 반짝이는 그의 투자전략은 초보자들도 아주 쉽게 이해할 수 있으며 폭락과 반전을 거듭하는 우리 주식시장에서 성공을 보장할 것이다.

〈개정판〉
알기 쉽게 풀어쓴 새노동법 해설

윤욱현 著
〈신국판 / 588면 / 13,000원〉

1997년 3월 노동법이 전면 개정되었다. 개정 노동법은 개별적 노동관계법의 대명사인 근로기준법상의 변형근로시간제, 정리해고제 등을 도입하고 집단적 노동관계법에서 금지됐던 복수노조, 제3자개입, 정치활동 등을 허용했다. 이 책은 저자가 현장에서 직접 느끼고 체험한 노사간의 문제점들을 살펴보고 개정 노동법 전반을 알기 쉽게 해설한 책이다. 해당 법의 예시, 판례, 행정해석을 풍부히 들어 이해를 돕고 있다.

추락하는 일본경제

이 봉 구 著
〈신국판 / 364면 / 8,500원〉

일본이 미래에 대한 자신감을 잃고 있다. 일본경제는 물가, 부동산, 주가 등이 동반하락하는 디플레이션 현상까지 나타나는 대변혁기를 맞고 있다. 개인이나 기업의 자산이 줄고 경제성장률도 제자리걸음을 면치 못하는 사면초가의 상황에서 일본은 초조하다. 저자는 90년대 초 한국과 80년대 말 일본을 비교하면서, 일본경제의 위기와 이를 헤쳐나가려는 일본기업의 몸부림을 타산지석으로 삼으라고 제언한다.

트랜스포메이션 경영
—IMF시대의 기업생존전략—

이성용(Sunny Yi) 著
〈신국판 / 352면 / 9,500원〉

한국 유수의 기업들도 트랜스포메이션을 알고 있으며, 트랜스포메이션을 했다고 주장하는 기업도 있다. 그러나 제대로 된 트랜스포메이션을 수행한 기업은 거의 없다. 이 책은 트랜스포메이션의 필요성, 그 방법과 대상, 수행도구, 외부의 적절한 도움에 대한 정보를 망라했다. 전문용어를 극도로 자제하면서 기업경영뿐 아니라 한국경제가 나아갈 길, 제대로 된 트랜스포메이션의 방법을 요령 있게 제시했다.

열린 세계와 문명창조

기 소르망 著
박 선 譯
〈양장 / 428면 / 13,000원〉

기 소르망은 서로 다른 문화가 충돌하는 유럽, 러시아, 중국, 일본, 아프리카, 라틴아메리카의 국경으로 우리를 이끈다. 이 책은 서양인의 독백이나 나르시시즘이 아니라 바로 한반도에 대한 진단이며 치료제가 될 수 있다. 통독 이후의 문제, 북한의 실상(본문의 「아홉번째 여행」 참조)과 우리의 미래, 미국화로 상징되는 맥몽드(McMonde)의 악몽 속에서 나름대로의 대응법을 찾을 수 있기 때문이다.

신창조론

이 면 우 著
〈신국판 / 312면 / 8,000원〉

미증유의 경제위기를 맞은 한국, 한국인, 한국기업은 어디로 가야 하는가? IMF는 변화를 모르는 기업전통, 말만 많은 우매한 현자들의 득세, 재벌의 출혈경쟁, 모방으로 날새는 제조업, 부서 이기주의에 찌든 얼무절차 등 우리의 불치병을 진단하고, 국가비전, 중소기업 활성화 등 21세기 한국, 한국인의 방향을 완벽 치료하고 있다.

편집광만이 살아남는다

앤드류 그로브 著
유 영 수 譯
〈양장 / 270면 / 10,000원〉

과거와 현재의 성공에 안주하는 순간 미래의 생존근거를 잃게 된다. 경쟁에서 이겨나가는 키워드 "편집광"을 주목하라. 지루함을 모르는 직장, 도전정신으로 꽉찬 편집광 직원들, 그리고 인텔에 대한 진솔한 이야기가 담겨 있다. 예리한 판단력과 관찰력을 겸비한 그로브는 첨단산업을 경영하는데 필요한 「전략적 변곡점」을 정립·설명하고 있다.

호메로스와 테레비

데이비드 덴비 著
황 건 譯
〈양장 / 556면 / 13,000원〉

호메로스, 플라톤, 니체, 단테, 루소, 버지니아 울프까지 내노라 하는 세계적 문학·철학자들의 대표적 저서와 중요 사상을 입문서로 집필했다. 이 책은 미디어시대의 혼란속에서 삶의 지표를 찾아가는 방편으로, 독서의 순수한 즐거움을 더해주는 지적인 가이드 형식으로 구성되었다. 특히 교양쌓기에 여념이 없는 학생들도 고전을 친근하게 접할 수 있게 구성, 대학생은 물론 논술시험에도 최적이다.

진짜 장사꾼만이 살아남는다

나카지마 다카시 著
이 선 희 譯
〈신국판 / 236면 / 7,500원〉

너나 할 것 없이 불경기 속에서도 왜 다른 상점은 잘 굴러갈까? 기발한 판매전략으로 불황을 극복해가는 기업, 손님들이 언제나 북적대는 점포, 그들의 숨겨진 비밀은 무엇인가? 이 책은 IMF시대에 살아남을 수 있는 길은 오직 상품판매뿐임을 강조하고, 에스키모에게도 냉장고를 파는 판매비법 100가지를 소개했다.

실록 외환대란
이 사람들 정말 큰일내겠군

〈신국판 / 396면 / 9,500원〉

아시아 통화경제위기와 한국경제의 위기, 그 연쇄반응은 불가피해야만 했던가? 이 책은 외환위기가 우리를 덮쳐오는 가장 긴박한 순간을 현장에서 직접 지켜본 특별취재팀이 가감없이 쓴 글이다. 어떻게 외환위기를 맞았는지, 그 책임은 누구에게 있는지, 무엇이 잘못되었는지, 밝혀지지 않은 권력의 심장부와 우리의 치부를 낱낱이 공개한 경제청문회 보고서이다. 전국민을 도탄에 빠뜨린 외환대란의 실체와 진실 최초공개.